에필로그는 다정하게 씁니다

김영숙 지음

나의 안녕에
무심했던 날들에 보내는
첫 다정

에필로그는 다정하게 씁니다

김영숙 지음

블롯
북스

차례

프롤로그

모든 시절의 나에게 · 007

1장

무수히 떠밀리고 흔들렸지만

1 · 데드라인을 넘는다는 것 · 013

2 · 누구에게나 저마다의 별 하나 있으니까 · 023

3 · 심장이 긴장을 안 하도록 · 031

4 · 꼴찌 하는 학교에 성실히 가는 마음 · 038

5 · 기싸움의 쓸모 · 046

6 · 마지막 보루를 지키는 깡 · 053

7 · 돈 안 되는 일을 할 만큼의 사치 · 061

8 · 놓쳐버린 인연들에게 · 070

2장

나의 안녕에 무심했던 날들

1 · 충분히, 충분하다 · 081

2 · 자연인이 산으로 가는 까닭은 · 088

3 · 남의 눈에서 해방된 고수들 · 095

4 · 유머와 낭만의 상관관계 · 101

5 · 젖은 불고 편집은 안 끝나고 · 109

6 · 마음을 다치면서까지 지켜야 하는 것은 없다 · 116

7 · 모성, 어디까지 위대해야 하나요 · 122

3장

가장 소란한 말, 다정

1 · 아무것도 괜찮지 않았다 · 133

2 · 다시 나를 만날 수 있다면 · 139

3 · 마흔이 내 스물에게 · 147

4 · 외로움의 이유는 정말 거기에 있었을까 · 152

5 · 하고 싶지 않은 이야기 · 157

6 · 심리적 장애라고요? · 163

7 · 혼자 다정해볼까 · 167

4장

내가 내 편이 된다는 것

1 · 인생에서 좋은 때란 언제일까 · 177

2 · 어쩌면 따듯한 포옹이 필요했을 그 순간 · 184

3 · 내 모든 시절 속 너에게 보내는 연서 · 190

4 · 진정한 나를 만나는 일은 지질하지 않았다 · 197

5 · 그래서, 행복한가요 · 202

6 · 우리가 반짝반짝 빛날 때 · 209

7 · 인생의 전제가 바뀌었습니다 · 215

8 · 애도가 하는 일 · 222

에필로그

삶의 조각을 맞추다 보면 · 229

일러두기

— 본문의 표기는 한글 맞춤법과 국립국어원의 외래어 표기법을 따르나, 사회적으로 통용되는 표현이나 저자의 특별한 의도가 담긴 표현의 경우 예외로 두었다.
— 본문에 등장하는 인물의 이름은 익명성을 보장하기 위해 실명이 아닌 알파벳이나 가명으로 기재했다.

모든 시절의 나에게

 여느 때처럼 오늘을 살던 내가 불현듯 어느 한 시절로 잡아끌릴 때가 있다. 모든 것에 설레던 순간, 이유도 모른 채 지독히 외롭던 순간, 도무지 길을 찾을 수 없어 홀로 방황하던 순간, 죽고 싶을 만큼 마음이 무너져 내리던 순간 속으로.

 순식간에 그 시절 그 순간으로 소환된 나는 한참을 헤매다 다시 '지금, 여기'로 돌아온다. 대체로 돌아올 때 들고 오는 것은 애틋함, 아쉬움, 쓸쓸함 같은 마음이다. 그런데 들고 오는 그 마음보다 오래 사그라지지 않는 것은 그 시절에 홀로 툭 남겨두고 온 그때의 나였다.

 올해로 방송작가 25년 차가 됐다. 두 아들을 낳고 산후조리를 했던 때와 다리 수술로 병원에서 보냈던 총 1년의 세월을 제외하고는 단 한 번도 일을 쉬지 않은 워킹 맘. 그러는 사이 입꼬리조차 거짓으로 올리고 싶지 않을 만큼 심한 번아웃이 찾아왔다.

 언젠가부터 사람들을 만나기 위해서는 안간힘을 다해야 겨우 가면이라도 쓰고 나를 일으킬 수 있었고, 쌓여가는 경력과는 반대 방향으로 자존감은 바닥을 쳤다. 게다가 워킹 맘의 치열한 노력은 온데간데없이 자식 농사는 엄마로서, 한 인간으로서 형편없는 나를 매일 확인시켰다. 꾸역꾸역 버텨온 모든 것이 곪아 터져 더 이상 아무것도 괜찮지가 않았다.

 '도대체 어디서부터, 뭐가 잘못된 걸까?'

 지독히 외롭고 답답한 질문의 밑바닥으로 수도 없이 내려가며 나는 나에 대해 오래, 깊이 생각했다. 그동안 몰아치기만 했던 내 삶의 속도를 서서히 늦췄고 사람들과 의식적인 단절을 선택했다. 그렇게 멈춰 선 자리에서 마침내 건져 올린 질문 하나.

 지난날, 나는 나의 안녕을 얼마나 물어줬던가?

 MBN의 TV 프로그램 〈나는 자연인이다〉를 하며 수많은 자연인을 만날 때마다 느끼는 공통점이 하나 있다. 지난날 자신을 돌보지 못했던 깊은 후회와 미련은 너무도 강렬해, 고립된 삶과 외딴 산조차도 불사하게 만든다는 것이다.

 따뜻한 밥 한 끼 정성껏 차려 먹지 못했던 시절, 먹고사는 일에 치여 쉬는 법을 몰랐던 세월, 서로 밟고 밟히는 시끄러운 세상에서 누리지 못했던 평온, 남의 시선과 평가를 신경 쓰느라 내 이야기에 오롯이 귀 기울이지 못했던 삶…. 그들 모두 하나같이 시간, 돈, 사람에 치이는 사이 정작 가장 중요한 자신을 아끼지 못했다고 말했다. 그렇기에 가만히 자신을 돌보며 자연의 묵묵한 위로를 경험한 자연인들은 어떤 불편함도 감수할 수 있다고 했다.

그들의 충만한 행복을 카메라에 담으면 담을수록 나도 이제라도 내 모든 시절을 찬찬히 만나고 싶어졌다. 언제 어떤 모양으로든 '홀로 툭 남겨두고 온 나'를 다독이고 안아주는 시간이 내게도 필요하다는 확신이 짙어졌다. 위로일 수도 격려일 수도 있는 그 마음에 관해 이야기할 시간. 이 시간이 과거에 대한 후회나 미련을 의미하지는 않는다. 오히려 이제 내게 다정한 안부를 묻는 것을 잊지 않겠다는, 누구보다 내가 내 편이 되겠다는 다짐에 가깝다.

그렇기에 내 마음의 안녕을 묻지 못한 채, 미련하리만치 열심히 달려온 나의 이 이야기가 누군가에게 작은 울림이 되기를 바라며, 각자의 안부를 묻는 일에 너무 늦지 말라는 조심스러운 진심이 되기를 바라며.

결코 가볍지 않은 파이팅을 보내본다.

1장
무수히 떠밀리고 흔들렸지만

1
데드라인을 넘는다는 것

나이를 먹는다는 것은 아무리 시간과 상황에 쫓기더라도 크게 요동하지 않고 짐짓 침착함을 유지할 수 있는 것이라고 생각했다. 숨 막히는 초조와 불안 속에서도 최소한의 냉정을 유지할 수 있는 것. 적어도 적금 붓듯 쌓아온 연륜이 와르르 무너져 내리는 일은 없는 것 말이다. 실제로 차곡차곡 쌓아온 내공 덕에 그런 것들이 자주 가능했다. 그럴 때마다 '나도 이제 어른이 돼가는구나' 내심 기특하기도 했다.

10년 전쯤, 둘째가 초등학교 1학년이 되던 해에 〈나는 자연인이다〉를 그만뒀었다. 시작한 지 채 1년을 채우지 못한 때였다. 초등학생 아이를 둘이나 두고 지방으로 답사를 다니고 밤을 새우며 원고를 쓰기가 버겁다는 이유에서였다.

하지만 그것은 다소 그럴싸하게 포장한 이유였고 좀 더 솔직히 말하자면 아이템 펑크에 대한 공포와 시청률 스트레스 때문이었다. 당시에는 매회 시청률에 따라 작가들의 인센티브를 차등 지급해서 경쟁을 붙였다. 그 때문에 어쩌다 후배 작가보다 작가료를 덜 받게 돼서 자존심이 상하더라도 애써 태연한 척 소화해야만 했다. 그렇게 작가들끼리 경쟁을 붙이는 것에 염증이 났고, 촬영 직전까지 섭외가 안 돼 간이 오그라드는 일도 그만 겪고 싶었다. 나를 거기서 꺼내 오고 싶었다.

⋘

그랬던 곳으로 4년 만에 다시 돌아왔다. 20년 지기 팀장님이 재차 제안을 하기도 했고 대기업 사내 방송을 하며 회의감도 커지고 있었기 때문이다. 출퇴근 시간만 보면 대기업 사내 방송은 양육에 최적화된 일이었지만 4차 산업혁명이나 글로벌 기업의 성공 전략, 지속 가능 경영 등 피부에 전혀 와닿지 않는 주제들로 글을 쓰기란 상당히 곤혹스러웠다. '마음을 쓰는 글쟁이'가 되겠다던 내 나름의 철학을 두둑한 통장 잔고, 안락한 삶과 바꾸고 있다는 생각에 나는 매일 씁쓸해졌다.

프로그램 초기보다 자연인 선정 기준도 유연해지고, 팀 전체를 막내 작가 두 명이 보조하던 예전과 달리 메인 작가마다 막내 작가가 1대1로 붙어 있어 섭외 스트레스도 덜하고, 원고 일정도 여유로워졌다고 했다. "4년 전에 비하면 천국"이라는 팀장님의 말을 믿고 싶어졌다. 무엇보다 4차 산업혁명에 넌더리가 났었기에.

첫 출근 전, 인수인계를 해줄 후배 작가 경은이와 커피를 마시기로 했다. 예전부터 마음이 잘 맞아 속내도 편히 털어놓는 사이였다.

"언니, 예전에 비하면 훨씬 편해지긴 했는데요. 언니한테 미안한 게 하나 있어요. 막내가요…."

〈나는 자연인이다〉에서 막내 작가는 위성 지도로 산속의 외딴집을 찾아내 전국의 면사무소, 이장님, 부동산 중개업소까지 통화해가며 자연인을 섭외하는 막중한 일을 한다. 프로그램 예고를 만들고 보도 자료를 쓰고 방송 직전까지 오타와 잘못된 문장 없이 자막도 뽑아야 한다. 유능한 막내 작가가 메인 작가의 삶의 질을 좌우한다 해도 과언이 아니었다.

〈나는 자연인이다〉는 총 네 개 팀으로 이뤄져 각 팀이 월 1회 방송을 담당하는데, 내가 갈 팀의 막내 작가 지연이는 "성실하지만 답답하고, 일을 열심히 하는데도 아이템을 못 찾는 아이"라는 이야기가 이미 돌고 있었다. 메인 작가인 경은이가 그동안 아이템을 대신 찾아주며 가르칠 만큼 가르쳐도 나아질 기미가 없었다. 조연출도 PD도 같이 일하기 힘들어하는 상황이라 모두 난감해했다. 고민하던 팀장님은 "김영숙 작가가 와서 같이 해보고 역시나 못 하겠다 하면 그때 다시 대안을 생각해 보자"라고 했단다. 팀장님은 나를 너무 잘 알고 있었다. 내가 골머리를 썩을지언정 마음이 약해 후배를 소위 '내치지' 못한다는 것을.

-‹‹‹‹

지연이에게는 MZ세대다운 느낌이 전혀 없었다. 20대의 패션 감각도, '사회생활용' 멘트를 날리는 붙임성도, 통통 튀는 대화 스킬도 없었다. 카카오톡에서도 그 흔한 이모티콘이나 물결표조차 없이 마침표로 문장을 마쳤고 한 문장을 읽는 속도도 답하는 속도도 느렸다. 속도가 생명인 이 바닥에서 저렇게 수줍게 섭외해서 아이템을 찾겠나 싶을 정도로 넉살도 없었다. 내가 출근해도 자기 팀 메인 작가인지 남의 팀 메인 작가인지 알 수 없을 정도로 데면데면했다.

예상대로 데드라인이 가까워져도 지연이는 자연인 답사 후보 목록을 주지 않았다. 다른 막내들보다 더 많이 일했고 딱히 요령을 피우는 것 같지도 않았지만 성과가 없었다. 설상가상 팀장님은 본사 국장님이 이번 촬영에 나올 예정이니, 가능한 한 전기도 수도도 없이 산속 깊이 홀로 사는 '최상의 자연인'을 찾아달라고 했다.

먹고 죽을래도 아이템이 없는데, 최상이라니…. 결국 나까지 섭외에 동원됐고, 두어 번이면 끝날 답사를 다섯 번이나 갔고, 막판에는 출연료 협상 같은 것까지 한 끝에 겨우 한 명의 자연인을 찾아냈다.

첫 단추를 끼우는 데 온 기운을 다 빼앗겼다. 차라리 4차 산업혁명이 나았나 하는 고민이 갈수록 깊어졌다. 게다가 지연이가 제출 시한을 넘겨서야 가지고 온 보도 자료는 '이래서 작가를 할 수 있을까' 싶은 수준이라 결국 처음부터 내가 다시 써야 했다. 조연출과 함께 예고편을 만들 때도 화기애애한 다른 팀과 달리 한숨에 공기가 무거워졌다. 그렇게 간신히 가편집이 끝났고, 지연이가 자막을 뽑아야 하는 날이 왔다.

한 시간짜리 다큐멘터리의 자막을 뽑는 데는 최소 이틀이 걸린다. 어려운 약초 이름을 확인하고 정확한 표기를 위해 맞춤법 검사도 해야 하고, 때로는 법적인 문제는 없는지 관련 단체에 확인까지 해야 하는 등 번거로운 일이 많다. 그 사이 나는 원고를 써야 한다. 두 작업이 제시간에 끝나면 이후 영상에 음악과 자막을 입히는 종합 편집 작업, 성우 더빙, 최종 시사, 시사 후 수정, 방송 송출 등이 순차적으로 진행된다. 하나라도 삐끗하면 모두가 곤란해지기에 이 시기에는 신경이 곤두설 수밖에 없다.

종합 편집을 몇 시간 앞두고 받은 자막에 나는 손이 떨렸다. 내 원고 마감 시간도 빠듯했건만 지연이가 준 자막은 온통 문장이 어색했다. 그마저도 자기 선에서 수정을 계속 해대는 바람에 2차, 3차 수정 자막 파일을 계속 내게 보내주고 있었다.

도대체 이것을 언제 다 수정해서 넘긴단 말인가? 나는 PD에게 종합 편집 시간과 성우 더빙 시간 조정을 부탁해야 할 테고, PD는 또 편집실 일정, 성우 일정을 재차 조정해야 할 것이다. 그러면 오랜만에 팀으로 돌아온 내 얼굴은 뭐가 되며, 20년 차 작가의 노련함은 어디서 찾을 수 있다는 것인가?

생각할 시간조차 아까웠다. 나는 마치 눈과 손만 있는 기계인 양 키보드를 부술 듯이 쳐내려 갔다. 원고의 완성도 따위는 배부른 소리였고, 오로지 데드라인만 맞추자 싶었다. 그렇게 밤새 나 혼로 사투를 벌인 끝에 겨우 시간 안에 원고와 자막을 모두 넘겼다.

그 순간부터 격렬히 분노가 차오르기 시작했고, 나는 지연이에게 전화를 걸어 그 화를 시퍼런 날에 담아 온갖 모진 말을 퍼붓기 시작했다.

"이럴 거면 네 작가료를 나한테 줘야 하는 거 아냐?"

"너는 방송이 장난이야? 일부러 그러는 거야?"

"지금 대학교 동아리 실습하는 거냐고!"

그 새벽, 내게 남은 모든 에너지를 분노에 다 쏟아부었다. 새벽 다섯 시, 밖은 적막했고 수화기 너머 지연이도 숨죽였다. 내 인격도, 내 연륜도 쓰레기통에 쑤셔 박혔다.

1주일 뒤, 다시 아이템 데드라인이 돌아왔다. 주차장에서 사무실로 가는 길 내내 어떤 얼굴로 지연이를 마주해야 할까 결정이 나질 않았다. 그런 채로 사무실에 들어선 순간, 지연이와 눈이 마주쳤다. 지연이는 나를 보자마자 망부석이 돼 닭똥 같은 눈물을 흘렸다. "열심히 찾았는데요, 아직 한 명도…." 예상치 못한 상황에 맞닥뜨리자, 내 머릿속이 오히려 선명해졌다.

"지연아, 나가자."

3월 말, 여의도에 벚꽃이 피기 시작하면 점심시간은 들뜬 상춘객과 주변 직장인 들로 붐빈다. 바람 부는 아래 꽃비가 내리는 길을 커피 한 잔 들고 걷노라면 삶이 행복하다고 느끼는 것은 그리 어렵지 않다. 울먹거리는 지연이와 나는 그들과는 다른 온도로 꽃비 사이를 걸었다. 지연이에게 부끄럽고 미안했다. 우는 것이 다 내 탓은 아니었지만, 또 내 탓이 아닌 것도 아니었기에.

간혹 나는 방송국 국장이나 대기업 사장 앞에서 방송 시사를 하게 될 때, 심장이 쪼그라들고 목소리의 떨림조차 통제할 수 없는 순간이 오면 그런 생각을 한다. '오늘 그만두면, 이 사람들 다 지나가는 아저씨다!'

"지연아, 찾는 데까지 찾아보고, 없으면 너도 그만두고 나도 그만두자. 까짓, 방송이 뭐 별거냐." 그제야 나는 마치 제정신이라도 돌아온 듯 냉정을 되찾았다.

─◁◁◁◁

지연이는 다른 막내들보다 나와 더 오래 일을 같이 하고 그만뒀다. 마지막까지 변함없이 성실했고, 눈속임이나 요령 따위는 없었다. 그만두는 날, 지연이는 내게 감귤피차를 선물로 줬다. 내가 좋아하는 〈빨강머리 앤〉 엽서에 '위가 안 좋은 나를 위해 차를 샀다'는 말과 '너무 힘들게 해서 죄송했고 자기를 참아줘서 고마웠다'는 진심을 꾹꾹 눌러 담았다.

카카오톡에 감성적인 선물이 넘쳐나는 세상에 감귤피차라니…. 피식 웃음이 났지만 돌이켜 보면 느린 반응 사이사이 그 아이의 생각은 늘 깊었다. 일을 배우는 속도는 말할 수 없이 더뎠지만, 누구보다 착실했다.

그만둔 지 몇 년이 지난 후에도 지연이는 가끔 아이템을 보내왔다. 오래전 연락했던 이장님이, 예전에 설득하던 자연인이 답을 줬다며. 아이템을 받을 때마다 지연이의 결실이 반가웠고 비록 느려도 우직함의 성과라는 것은 분명 있구나 싶었다. 속도가 실력인 이곳에서 버텨준 그 아이가 고마웠고, 참아낸 내가 다행이기도 했다.

하지만 동시에, 지연이에게 연락이 올 때마다 그날 나의 격분이 너무도 생생하게 떠올라 부끄러움이 다시 차올랐다.

내 불안의 밑바닥을 다 까 보였던 순간. 연차 20년 넘는 작가라며 은근히 거드름을 피웠지만 전혀 그 내공을 가늠할 수 없는 한심한 민낯. 그런데도 내 잘못 때문에 그리 된 것은 아니라는 듯 까마득하게 어린 후배 앞에서조차 나를 포장했던 수준. 결국 나의 어른스러움은 한 걸음 더 나가기 전에 와르르 무너져버린 듯했다. 한동안 그날의 나를 떠올리는 것은 꽤 괴로웠다. 아주 형편없지는 않았다며 내 마음과 의논하고 싶었지만, 그 새벽의 나를 곰곰이 떠올려보건대 양심상 안 될 말인 듯했다.

그런 채로 꽤 오랫동안 문득문득 얼굴이 화끈거리는 민망함에 어쩌지 못하던 나는 언젠가부터 내게 아주 조금은 관대해지는 쪽으로 마음을 바꾸기 시작했다. 이제 와 한 걸음 정도 더 내 편에 서서 생각해보자면 그때의 내게 데드라인은 나 자신을 정말 극한으로 몰아갈 만큼 그야말로 'dead' 라인이었을 것이기 때문이다. 시청률 인센티브는 평정심을 잃을 만큼 나를 조여왔고, 기대가 높을수록 나는 더 불안했으며, 동시에 몸이 열 개라도 모자랄 만큼 숨 가쁜 워킹 맘의 시간을 홀로 버티는 중이었기에.

그러니 내게도 조금은 너그러워지자. 이미 흘러간 것은 어쩔 수 없노라고. 대신 그날 새벽 부끄러움의 감각을 고스란히 기억해뒀다가, 살면서 수많은 데드라인 앞에 다시 서게 될 때마다 점점 더 어른을 연습해보자. 평정심을 잃지도 않고, 다듬어지지 않은 감정으로 일을 그르치지도 누군가를 다치게 하지도 않으며, 같잖게 힘자랑을 하지도 않는 어른을. 이제 그때의 부끄러움으로부터 조금은 가벼워져 보자고 다짐해본다.

2

누구에게나 저마다의 별 하나 있으니까

해가 강렬하다 못해 따갑기까지 한 7월의 답사. 주소가 잘못된 것인지 PD와 나는 30분 넘게 산길을 헤매고 있었다. 그러다 겨우 포장이 잘 된 길을 발견하고서는 긴가민가하며 가고 있던 찰나, 퍽 소리를 내며 갑자기 차가 멈췄다.

'범퍼 아래가 긁힌 건가?'

별일 아닐 것이라고 생각하며 차에서 내렸건만 웬걸, 차 아래 어딘가에서 이미 검은색 기름이 줄줄 새고 있었다. 이제 막 닦은 듯한 새 도로가 순식간에 검게 물들고 있었다. 생각보다 차도 심각하게 망가졌다. 하지만 그보다 더 심각한 것은 그곳에서는 전화가 안 터진다는 사실이었다. 어딘지도 모르는 산 한복판에 꼼짝없이 갇힌 꼴이었다. 전화가 안 터지니 그곳에서는 도움을 요청할 방법이 없었고 PD는 기름이 새는 차를 살펴야 했기에 도리 없이 내가 산길을 내려가 보기로 했다.

더위로 얼굴은 벌겋게 달아오르고, 머리 속까지 땀범벅이 될 지경이었지만 10여 분을 내려가도 전화는 계속 먹통이었다. 이제 내가 있는 곳에서 PD는 보이지도 않았다. 산짐승이 튀어나올 듯 우거진 숲길을 혼자 헤매고 있자니 그제야 덜컥 겁도 나고 부아도 났다.

그날 만날 자연인은 '똘끼 충만' 60대 노총각으로 뱀이 마당에 수시로 나올 만큼 깊은 산속에 살고, 의아하게도 직접 시를 써서 공모전에 참가해볼 생각까지 하고 있으며 키우던 염소 문제로 동네 사람들과 폭행 시비가 붙은 적도 있다고 했다. 분명 아주 독특한 캐릭터일 것이다. 꼭 섭외해서 시청률이 잘 나오게 해야지.

그런데 그 소박한 욕심조차 과했단 말인가? 대상도 없이 원망을 토해내던 바로 그때였다. 여전히 먹통인 전화를 들고 마치 우주와 통신이라도 할 듯한 기세로 팔을 쭉 뻗은 채 걷고 있는 내 앞으로 차 한 대가 나타났다.

"누구세요? 여기서 뭐 하시는 거예요?"

≮≮≮≮

 나를 보고 나보다 더 놀란 그쪽은 이 산에 새로 난 도로를 감리하러 온 공무원들이었다. 그들의 말을 들어보니 우린 아직 완성되지 않은 도로를 달리다가 공사 현장에서 사고가 난 것이었다. 생각지도 못했던 상황에 어이가 없었지만 너무나 다행스럽게도 그들은 우리 프로그램의 열성 팬이었다. 흔쾌히 우리를 돕겠다는 이 구세주들은 견인차를 산으로 불러줬고, 나를 이장님 댁까지 데려다줬다. 그들 덕에 PD는 견인차와 함께 카센터로 갔고, 나는 이장님의 산악용 오토바이를 타고 산길을 한참 더 올라 간신히 자연인의 집 마당에 내릴 수 있었다.
 때마침 달려 나오는 자연인. 그런데 분명, 그는 어깨춤을 추며 뛰어오고 있었다.
 "와, 여자가 왔다! 산에 여자가 왔네! 이게 얼마만이고? 이야!"
 여자라고? 순간 덜컥 겁이 났다. 오토바이에 실려 온 나는 거기가 어딘지도 몰랐으며 산에는 이장님, 자연인, 나뿐이었다. 내가 어떤 위험에 처해도 PD는 당장 올 수 없었고 자연인은 마을 사람들과 시비가 붙은 적도 있다고 하지 않았던가.
 머릿속이 하얘졌다. PD에게 얼른 오라고 하고 싶었지만, 그곳도 전화가 먹통이었다. 취재를 어떻게 했는지조차 기억 나지 않는다. 그저 최소한의 질문만 하고 빨리 그곳을 빠져나가야겠다는 생각뿐이었다.

 자연인의 집에는 수영복을 입은 여자 사진들로 채워진 달력과 목탁, 직접 쓴 습작 시 등 궁금한 이야깃거리들이 즐비했다. 무늬만 자연인이 아니라, 산에 살기 위한 오랜 노하우들이 가득해 얼핏 보기에도 매우 흥미로웠다. 하지만 나는 그 모든 것을 서둘러 사진으로만 대충 담았고 긴 이야기는 원래 촬영 때 하는 것이라는 거짓말을 한 뒤, 폭행 시비의 전말과 결혼을 안 한 이유에 대해서만 물었다.

 폭행 시비는 합의로 잘 마무리됐고 심각하지 않은 수준이었다. 다음으로 비혼에 대해 묻자, 사뭇 눈빛이 달라진 자연인은 술을 한잔해야 할 수 있는 이야기라 했다. '술이라니…' 지금 나 혼자 여기 있는 것만으로도 겁이 나 죽을 지경인데. 나는 손사래를 치며 이 정도면 충분히 취재가 되었다고 말하곤 도망치듯 그곳을 빠져나왔다.

 답사의 곤욕을 묵묵히 치르고 일바 뒤, PD는 어느 때보다도 촬영 느낌이 좋았다며 촬영본을 보내왔고 나는 유쾌하지 않았던 그날의 기억을 애써 지우며 열 시간짜리 촬영본 프리뷰를 시작했다. 당초 계획대로 괴짜 콘셉트로 구성할 수 있을 만큼 독특한 부분들이 많았고, 분량도 충분했다. 그런데 촬영본 말미에, 답사 날 내가 듣지 못한 의외의 이야기도 담겨 있었다.

자연인은 20대 때 한 여자를 열렬히 사랑했지만, 여자가 자신의 아이를 가졌음에도 양가 부모의 반대로 결혼하지 못했단다. 결혼이 성사되지 못한 것도, 그 아이가 세상에 나오지 못한 것도 자기 탓이라 여겼던 자연인은 그런 자신이 어떻게 다시 다른 아이의 아버지가 될 수 있겠냐며 평생 혼자 살기로 결심했단다. 계곡에 앉아 그 이야길 끝낸 자연인은 멍하니 한참을 말이 없었다. 기나긴 세월 이어졌을 그의 깊은 상심은 화면 밖으로도 고스란히 전해졌다.

방송은 애초 기획대로 자연인의 독특한 매력을 담은 구성으로 만들어졌다. 평도 좋았고 시청률도 나쁘지 않았다. 하지만 평생 총각으로 살 수밖에 없었던 자연인의 내밀한 이야기는 큰 비중으로 다뤄지지 않았다. 갑자기 콘셉트를 바꾸는 것도 무리였고, 아마도 그때의 나는 괴짜 같은 모습이 시청자들에게 더 '먹힐' 것이라 판단했던 듯하다.

10년이 훌쩍 지난 지금도 고속도로에서 그가 사는 지역의 이정표를 볼 때면 어김없이 그 방송이 떠오른다. 조금은 미안한 마음과 함께다. 스물일곱의 남자가 환갑이 넘도록 스스로에게 준 벌과 같은 약속. 그 비통함을 감추고 살아온 삶은 과연 어땠을까? 나는 결국 그의 또 다른 진심을 방송에 담지는 못한 셈이었다. 그저 괴짜라는 틀에 끼워 맞추고자 했을 뿐.

요즘 나는 답사를 가기 전 막내 작가가 주는 취재지를 아주 자세히 보지는 않는다. 나태함에 대한 변명이라 할 수도 있겠지만, 만나지도 않은 누군가를 내 얕은 생각들로 속단하지 않겠다는 나름의 결심이다. 물론 짧은 시간 동안 자연인을 만나고, 콘셉트를 잡고, 구성을 잘 해내는 것이 바로 내 일이긴 하지만 그 결정을 조금은 늦춰보려는 것이다.

답사 때도 방향이 잡히지 않는다면, 촬영하는 며칠간 카메라에 담길 그 사람의 고유함을 기다릴 때도 있다. 몇 장의 종이나 몇 번의 짧은 만남에 다 담지 못한 삶의 이야기, 촬영하는 동안 드러날 그의 매력, 그 사람만의 결을 온전히 담기 위해 서두르지 않기로 한 것이다. '너무 밋밋해서 어쩌나' 싶게 만드는 이들, '이번엔 시청률이 안 나오겠다' 싶게 만드는 이들일수록 이 과정에 더 공을 들인다.

수백 명의 인연들을 만나오며 누구에게나 흉내 낼 수 없는 고유한 매력이 있다는 것을 점점 더 확신하게 됐기 때문이다. 그렇기에 그 부분이 드러나지 않을수록 더 애를 쓴다. 방송의 아이템이기 이전에 인간으로서 그들이 가진 매력을 보여주기 위해, 그들에게서 내가 발견한 '심쿵 포인트'를 시청자들에게도 잘 전해주기 위해 말이다.

방송 다음 날 아침이면 방송사 담당자는 방영 시간 내 시청률 분당 그래프와 각종 시청률 분석 자료를 카카오톡 단체방에 올린다. 행여 시청률이 몇 주 연속 떨어지기라도 하면 연령층부터 방송에 특정한 음식이나 약초가 등장한 순간 분당 그래프가 어떻게 움직였는지까지 면밀히 분석하고, 때로는 특단의 조치를 제시하기도 한다. 그것은 방송사가 당연히 해야 할 일이고 그런 분석에 목이 조여오는 것 또한 우리의 당연한 반응이다.

언젠가 시청자 게시판에 우리 프로그램 애청자의 손자라는 분이 글을 올린 적이 있다. 할머니에게 우리 프로그램이 유일한 낙이니 꼭 오래오래 방송해달라는 내용이었다. 그 글과 함께 올라온 사진에는, 종이 달력 끄트머리에 삐뚤빼뚤하게 할머니가 직접 쓴 글씨가 담겨 있었다. 무슨 요일, 몇 시 몇 분, 몇 번 채널에서 우리 프로그램이 재방송되는지 빼곡하게 적힌 종이 달력.

시청자 게시판에는 쓴소리도 많지만, 누군가에게 일상의 힐링이 되고 병마와 싸우는 이들에게 희망이 된다는 글도 자주 올라온다. 그런 글을 볼 때면 매너리즘에 빠져 나태해진 마음이 얼른 정신을 차린다. 그리고 그때마다 품는 생각이 있다.

우리가 직접 보고 만나고 느낀 자연인의 진정한 매력이 시공간을 초월해 시청자들에게도 잘 가닿기를. 힘겨운 삶을 버티고 살아내는 우리의 잔잔하고도 진한 이 연대가 제발 시청률에도 영향을 주기를. 그래서 이 프로그램이 장수하기를 본사와는 조금 다른 마음으로 간절히 바라본다.

3

심장이 긴장을 안 하도록

 우리 프로그램에는 소위 '레전드'로 회자되는 몇몇의 자연인들이 있다. 중년 남성들의 전유물이나 다름없던 프로그램이 언젠가부터 10대, 20대 사이에서 '레전드 자연인'이라는 제목이 달린 짧은 동영상이나 SNS 글로 재편집되어 공유되기 시작하더니 인기를 끌었다. 엄마가 하는 프로그램임에도 그다지 관심이 없던 두 10대 아들조차 '레전드 자연인' 영상만큼은 내게 꼭 보내줄 정도가 되다 보니 정작 제작진인 나도 뒤늦게 그런 영상을 접했다. 그중에서도 '영지라면 자연인'은 나의 첫 방송이었다.

 해발 400미터 산길 어디쯤에서 PD와 나를 보자마자 대뜸 "머리만 이렇게 허옇게 길렀지, 볼 게 하나도 없는데예"라며 환대하던 그는 얼핏 예술가 같기도 순박한 촌부 같기도 했다. 그를 따라 산길을 걸어 올라가 만난 집은 꽤 낭만적이었다. 오래된 격자 나무문을 재활용해 넓은 여닫이 창문을 만들어놓은 거실과 직접 조각한 서각 작품들로 꾸민 방, 산짐승 때문에 2층으로 지었다는 닭장까지도 목수였던 자연인의 감각이 묻어나 모두 특별한 운치가 있었다. 지게로 물을 지고 나르던 이야기를 비롯해 산에 자리 잡기까지의 일화도 흥미로웠고, 대개 약초 끓인 차부터 내주는 자연인들과 달리, 민망한 듯 사이다 한 캔을 건네는 그의 엉뚱함에도 호감이 갔다. 우리는 바로 출연 요청을 했고 그도 흔쾌히 응했다.

얼마 뒤 진행한 촬영에서 역시 재미있는 일들이 많았다고 PD는 전했다. 영지버섯을 캔 김에 시도해본 영지라면은 푸짐하게 주고 싶었던 마음과 달리 너무 써서 먹을 수 없을 정도였고, 직접 캐 온 약초 이름마저 헷갈렸으며 긴장한 탓에 카메라 감독 바지에 물을 뿌리는 둥 알려진 대로 초보 자연인의 좌충우돌 정착기가 흥미롭게 담겼다.

문제는, PD랑 나만 그렇게 생각했다는 것이었다.

-‹‹‹‹-

그 무렵 우리 방송은 100회를 갓 넘겼을 때라 산골살이 연차가 10년 이상 된 자연인들이 주로 출연했다. 그 와중에 5년 차밖에 안 된 자연인이 출연한 것도 나름대로 파격적인 결정이었건만, 자연인이 대놓고 라면까지 끓인 데다 영지버섯 소동까지 있었으니 그 상황이 더 도드라진 것이다. 지금이야 비상식량으로 가끔 라면, 통조림 등을 먹는 모습을 방송하기도 하지만 초창기에는 최대한 원시적인 자연의 삶을 담고자 했기에 우리의 영지라면 시도는 재미가 있든 없든 기획 방향을 간과한 것으로 평가됐다.

시사 분위기는 험악했고 내가 〈나는 자연인이다〉를 처음 맡은 작가라 프로그램 의도를 놓쳤다는 이야기까지 나왔다. 그렇지 않아도 잔뜩 긴장해 있던 나는 완전히 기가 죽었고 첫 편부터 이미지를 이렇게 망쳤으니 앞으로의 날들이 만만치 않겠다 싶어 기분이 바닥을 쳤다.

어쨌든 방송은 나갔고, 다행히 시청률이 선방한 덕에 큰 후폭풍은 없었다. 하지만 한동안 나는 담당자를 볼 때마다 험악했던 그날의 시사가 떠올라 나도 모르게 몸을 사렸다. 첫 방송에 진땀을 뺀 탓인지 아이템을 보내놓고 본사 전화가 올 때마다 간이 철렁했고, 방송 다음 날 시청률이 카카오톡 단체방에 올라오는 새벽이면 내내 악몽을 꿨다. 원고 마감 시간이 됐는데 원고를 반도 못 썼다거나 시청률이 꼴찌를 했다거나 하는 식이었다. 지금은 그런 일들이 거의 사라졌지만, 오랫동안 시청률이 나오는 새벽이면 나는 제대로 잠을 잘 수가 없었다.

그렇게 내게 일종의 모욕감을 안겨줬던 그 아이템은 어느 날부터 난데없이 '레전드 자연인'으로 여기저기서 유명세를 타기 시작했다. 자연인 이야기를 하는 자리에서 종종 그때의 촬영 뒷이야기는 유쾌한 수다 주제가 됐고, 자연인과 비슷한 외모의 만화 캐릭터나 외국 배우 얼굴로 업그레이드해서 재편집한 블로그 글들도 더 자주 눈에 띄었다.

사실 더 유명한 '레전드 자연인' 말벌 아저씨 역시 촬영 과정이 순탄치 않았다. 자연인이 너무 말이 없어 담당 PD가 촬영을 접어야 하는 것 아니냐며 심각하게 고민했을 정도로 힘든 촬영이었다고 다른 팀 PD에게 전해 들었다. 하지만 그토록 재미있게 완성이 될 줄, 그 후로도 이렇게 오래 회자될 줄 누가 생각이나 했을까? 참 모를 일이다.

―‹‹‹‹

방송을 하다 보면 섭외부터 촬영, 편집, 시사, 시청률까지 어느 하나도 만만한 것이 없다. 이 프로그램을 8년째 하다 보니 예전만큼 극도로 긴장하는 일은 사라졌지만 방심하는 순간 놀랄 일들이 여전히 생긴다.

출연자와 관계가 좋지 않았던 누군가의 시기 어린 항의, 자연인의 집이나 산속 생활과 관련한 법적 문제, 약초의 잘못된 정보, 뭔가가 보기 불편했던 시청자의 예상치 못한 제보 등 아무 문제 없다고 한시름 놓는 순간 생각지도 못한 문제가 터지기도 하고, 내내 마음 졸였던 방송이 아무 문제 없이 지나가기도 한다. 시청률이 잘 나오겠다 싶은 날 타 방송 채널에서 특집을 하는 바람에 김이 새기도 하고, 기대하지 않았던 방송 편의 시청률이 생각보다 잘 나오기도 한다. 그야말로 예측할 수 없는 것투성이다.

물론 이보다 더 촌각을 다투고 변수가 더 많은, 혹은 생명이 오가는 엄청난 직업군에 비하면 보잘것없는 엄살이겠지만 나는 이 직업이 좋은 한편, 만약 조금 더 안정적인 직업을 가졌더라면 지금보다는 분명 내 신경성 위염이 덜했을 것이라 확신한다.

100세가 된 노인에게 살면서 가장 후회하는 것을 꼽으라고 하니 "인생을 너무 심각하게 생각하며 살았던 것"이라고 했다는 글을 본 적이 있는데, 그러고 뭐 그렇게 살고 싶었을까. 사방이 지뢰밭인 인생을 살면서 언제 어디서 뭐가 터질지 모르니 늘 긴장하고 초조할 수밖에 없었을 테고, 그 모든 일들은 다 처음 겪는 것이니 심각할 수밖에 없지 않았을까.

나는 가끔 이런 비교를 해볼 때가 있다. 같은 차를 타고 같은 도로를 달려 같은 목적지로 가는 두 초보 운전자가 있다. 첫 번째 운전자는 운전대를 뽑을 듯한 기세로 꽉 쥐고 초긴장하며 운전을 한다. 음악을 들을 여유는커녕 차창 밖의 꽃나무나 하늘을 쳐다볼 엄두조차 내지 못한다. 손에는 땀이 나고 어깨까지 결릴 지경이다. 반면 두 번째 운전자는 긴장되긴 하지만 라디오도 틀고 신호 대기에 걸릴 때면 계절 풍경을 눈에 담는 여유도 가져본다. 도로 연수를 할 때와는 달리 혼자 운전할 수 있게 됐다는 사실에 설레면서 동시에 긴장을 놓지 않고 도로의 흐름도 익혀보려 애를 쓴다.

나는 살면서 내가 늘 첫 번째 운전자처럼 운전을 해왔다는 생각을 자주 했다. 누구보다 목적지에는 잘 도착했겠지만, 잔뜩 경직된 어깨로 운전을 하느라 불안했을 테고 그만큼 수많은 풍경도 놓쳤을 것이다.

인생 후반전을 시작할 나이가 되고 보니, 이제야 잔뜩 긴장한 내 모습이 눈에 들어오기 시작했다. 그 모습을 보고 있자니 어깨를 조금이나마 내려주고 싶은 안타까움이 자주 생긴다. 아주 조금만 그 긴장으로부터 해방된다면 훨씬 편안해질 수 있다는, 돌발 상황이 생길 수도 있겠지만 그전까지는 잠시 창밖을 봐도 괜찮다는 말과 함께.

돌이켜 보면 사실 살면서 전전긍긍했던 일들 가운데 내 예상대로 흘러간 일은 그리 많지 않았다. 그저 할 일을 하다 보니 때로는 뜻밖의 행운이 올 때도 있었고 뜬금없는 변수들이 뒤통수를 치기도 했다. 아마 앞으로도 내가 하는 일이 내 예상대로 되는 경우는 많지 않을 것이다. 그렇다면 인생의 수많은 어려움의 본질은 결국 불안과의 싸움으로 요약될 수 있겠다는 생각이 들었다. 그리고 그 불안과의 싸움에서 매번 지다가는 순식간에 흘러가는 삶 속에서 아까운 풍경을 영원히 놓치게 될 것만 같은 조바심도 들기 시작했다. 이제는 내 태도를 정해야 할 시기가 온 것만 같다. 운전대를 뽑을 것인가? 아니면 잠시 눈을 들어 운전석 창밖의 하늘을 볼 것인가?

  예전엔 어려웠던 일들이 나이가 들면서 의외로 하기 쉬워지기도 한다. 그게 나이가 들어도 좋은 이유이기도 하다. 이번만큼은 꼭 나이 덕을 봐야겠다.

4
꼴찌 하는 학교에 성실히 가는 마음

 2003년, 청계천 복원 사업이 시작되던 해였다. 지어진 지 30년이 넘은 청계고가를 허물고 청계천을 다시 흐르게 하는 사업이 발표되자 방송사마다 곧 사라질 고가의 모습을 담으려는 프로그램을 앞다퉈 제작하기 시작했다.

 그 무렵 나도 '깨어나는 물결, 청계천'을 주제로 하는 모 방송사의 단발성 다큐멘터리에 참여하기로 했다. 우리 팀은 청계천 상가 내에서 지게로 짐을 나르며 돈을 버는 사람, 소위 지게꾼 중 이곳에서 가장 오랫동안 일해온 분을 주인공으로 삼기로 결정했다. 원래 휴먼 다큐멘터리를 좋아하던 내게는 긴 역사의 산증인이자 곧 사라질 직업인 지게꾼의 마지막을 담는 구성이 꽤 흥미로웠다. 진정성과 따뜻함을 담아서 잘 만

들고 싶었다.

그러나 문제는 섭외였다. PD와 며칠 동안 청계천 상가를 발로 뛰며 수소문한 끝에 경력이 가장 오래된 지게꾼 아저씨를 찾았으나 그의 대답은 "노!"였다. 그가 지게를 지고 짐을 나르는 것을 며칠씩 따라다니며 아무리 설득하고 온갖 아양을 떨어도 뜻은 확고했다. 이런 경우 어쩔 도리가 없다. 그들이 방송에 출연해야 할 의무는 없으니까.

먼지를 다 뒤집어쓴 채 터벅터벅 지하철을 타고 집으로 돌아가는 길, PD에게서 전화가 왔다. 청계천 상인들을 주인공으로 하는 프로그램은 이미 타 방송사에서 촬영 중이니 우리는 차별성을 위해 반드시 지게꾼 아저씨를 섭외해야 한다는 압박이 본사에서 들어왔다고 했다.

막내 작가 시절부터 메인 작가가 돼서까지 섭외는 방송 작가에게 숙명 같은 일이다. 방송작가가 감정노동 직업군 상위에 오르는 주된 이유도 아마 섭외 스트레스일 것이다. 나와 함께 일한 막내 작가 한 명은 하도 답답한 마음에 타로 점을 쳐서 어디로 가야 섭외할 주인공을 만날 수 있는지 물어본 적도 있다고 했다. 반은 장난 삼아 한 일이긴 하겠지만 섭외 스트레스가 그만큼 사람 잡는 수준일 때가 많은 것은 사실이다.

다음 날 아침, 눈을 뜨자마자 다시 압박감이 몰려왔다. 이 구성이 아니라면 프로그램을 접어야 할지도 모른다고 생각하니 그간의 기획 회의와 취재에 들인 노력이 아까웠고 개인적인 기대를 포기하자니 속도 상했다. '앞으로 우리 일은 어떻게 되는 걸까…?' PD와 푸념 섞인 통화를 한 뒤, 무작정 지하철을 타고 청계천으로 향했다.

이미 새벽부터 이 가게 저 가게 지게질을 하느라 동분서주 중인 아저씨를 어렵사리 만났다. "뭐 하러 또 왔냐?" 핀잔을 애써 어색한 웃음으로 꿀꺽 삼킨 뒤, 태연한 척 아저씨를 따라나섰다. 일이 없는 시간에는 같이 대기하고, 일이 들어오면 쫄래쫄래 뒤를 따라다니다가 반나절이 지나서야 믹스 커피를 한 잔하는 아저씨 옆에 앉을 수 있었다. 무슨 말이라도 해야 할 것 같아 별 궁금하지도 않은 질문들을 해대는 내게 처음으로 아저씨가 물었다.

"이거 못 하면 굶어?"

예상치 못한 질문에 멈칫했으나 나도 모르게 '이때다' 싶었는지 기다렸다는 듯 대답했다.

"네, 제가 아들이 하나 있는데요. 젖먹이예요. 출연 안 해주시면 저 분윳값도 못 벌어요."

따지고 보자면 딱히 틀린 말은 아니었지만 그렇다고 딱 맞는 말도 아니었다. 하지만 이미 나는 말을 뱉어버렸고 그 말을 하다 보니 마치 정말 내가 그런 상황에 빠진 듯했다. 계속해서 이어나간 이야기는 내가 듣기에도 너무 짠한 사연이라 나도 모르게 눈물까지 찔끔 나와버렸다.

"분윳값은 벌어야지!"

옷에 묻은 먼지를 장갑으로 툭툭 털며 무심하게 전화번호를 주고는 PD랑 다시 오라며 서둘러 가버리는 아저씨. 얼떨떨한 상황에 먼저 PD에게 전화를 걸었다.

"나 섭외가 간절해서 연기하다가 내 연기에 몰입해서 눈물이 났어."

"아하하, 진짜? 잘했어, 잘했어. 섭외했으면 됐어. 잘했어."

PD 입장에서야 작가가 어떻게 해서든 허락을 받아냈으니 좋았을 테지만, 내 마음은 섭외가 됐다는 안도감보다 '순진한 아저씨를 약간은 속였다'는 미안함, '이렇게 몇 날 며칠을 길바닥에서 눈물바람까지 해가며 일을 해야 하나' 싶은 고달픔이 뒤섞여 청계천 좁은 골목을 빠져나오는 내내 머릿속이 그 골목만큼이나 복잡했다.

그렇게 어렵사리 시작된 우리의 다큐멘터리는 아저씨에게도 우리에게도 의미 있는 기록을 남기며 잘 마무리됐고, 그 덕에 내 미안함도 조금은 덜 수 있었다.

나는 방송 일을 하면서 내 '절절한 열심'들이 참 멋없다고 느낀 적이 자주 있었는데, 그때 역시 그랬다. 내가 생각한 멋이란 대략 이런 것이었다. 늘 참신한 프로그램 구성 아이디어가 번뜩이거나, 누가 봐도 감탄할 만큼 글솜씨가 뛰어나거나, 굉장한 카리스마로 언제나 회의를 주도하거나, 그것도 아니라면 반대로 잠수를 탄다든가 방송 사고를 한두 번쯤 내고도 대차게 행동하는 것.

물론 방송 일이라는 것은 시간 약속이 생명이기에 잠수나 방송 사고를 '멋'이라 여긴다고 말하면 욕먹을 소리긴 하지만 그래도 뭐가 됐든 뛰어난 재능도 요령도 없는 착실함보다는 훨씬 멋있어 보였다. 아득바득 열심히 해야지만, 절절히 애를 태워야지만 근근이 맡은 일을 해내는 것 같은 기분에 휩싸이는 것보다는 그런 편이 더 나아 보였기 때문이다. 대체로 나는 처음 투입된 프로그램에서 느끼는 긴장, 일을 진행하면서 받는 부담감, 평가가 끝날 때까지 이어지는 초조함으로 마무리되는 한 번의 주기를 무사히 지나고 나서야 겨우 마음을 놓는 쪽이었으니까.

대기업 사내 방송을 할 때의 긴장도는 더 높았다. 온통 난생처음 듣는 내용이라 불안한 마음에 회의 자료를 늘 들고 다녔고, 회의 때 나오는 전문 용어들을 한번에 알아듣기 어려워 허락하에 녹취까지 했다. '역시 꼼꼼하다'는 칭찬을 듣기도 했지만, 그보다는 '뭘 그렇게까지 하냐?'는 핀잔이 더 크게 들려 머쓱해지기도 했다. 더구나 그렇게 해서 결과라도 좋으면 다행이지만 때때로 평가마저 변변치 않을 때는 내 착실함이 오히려 무안해지곤 했다.

그러다 언젠가, 아이 문제로 힘들어하는 친구와 비슷한 이야기를 나누게 된 적이 있었다. 아이를 잘 못 키우는 것 같다며 자괴감에 빠져 있던 친구가 말했다. 매일 실패하는 것 같은데 포기하지도 못하고 아이를 키워야 하는 날들이 마치 "꼴찌하는 학교로 매일 가는 기분"이라고. 그게 어떤 마음인지 너무나 알 것 같았다.

물론 직업이라는 것은 아이를 키우는 일과 달라서, 매번 꼴찌를 한다고 느낀다면 그만둘 수도 있었을 것이다. 하지만 어쨌든 나는 꼴찌를 하든 1등을 하든 매일 학교에 갔으니까. 그게 정말 생계의 문제였는지, 이 일을 어떤 일보다도 좋아했는지 아니면 다른 일보다는 잘할 수 있는 분야라는 계산을 했는지는 모르겠지만.

어떻게 25년간 방송작가를 그만두지 않고 했느냐는 질문을 받고 이렇게 말한 적이 있다. '1년만 해보고 결정하자', 1년이 지나고 또 슬럼프가 오면 '1년만 더 해보고 결정하자.' 그렇게 1년만, 또 1년만 판단을 보류하는 사이 내가 차곡차곡 모은 결실들이 나름대로 쌓였고 그래서 지금까지 할 수 있었다고.

생각해보면 아마도 멈춰야 할 아주 명백하고도 결정적인 이유가 없는 한 나는 늘 학교에 가는 것이, 즉 '멈추지 않는 것이' 맞다는 나름의 삶의 기준이 있었던 것 같다. 설령 멋이 없다고 자주 느꼈을지라도.

친구와 이야기를 하면서 그동안 나는 착실한 것은 멋없어 보인다고 생각하는 동시에, 역설적이게도 성실하게 해야만 결과가 나는 것들에 더 가치를 두고 있었다는 사실을 알게 됐다. 특출나게 가진 재능보다는 꾸준히 해야 하는 것들, 가령 어학 공부라든가 운동, 장애 등을 극복하고 이뤄낸 어떤 것, 수십 년간 이어서 해온 어떤 일, 요령 따위는 절대 통할 수가 없는 그런 것들 말이다. 착실함이 비결이 될 수 있다는 것이 다행이고, 그것이야말로 공평하다고 생각해왔다.

결국 생각해보면 친구의 말과는 달리 꼴찌 하는 학교에 매일 가는 기분은 단지 기분일 뿐이고 우리는 결코 항상 꼴찌를 할 수는 없는 것이었다. '그럼에도 매일'이라는 행위가 분명 우리를 한 걸음씩이라도 나아지게 만들 것이기 때문이다. 더 딜 뿐, 혹은 느끼지 못했을 뿐 그것은 움직일 수 없는 사실이라는 것을 비로소 알게 됐다.

  여전히 나는 내가 생각했던 '멋'에는 닿지 못했다. 하지만 이제 더는 그 멋을 흉내 내고 싶지 않다. 내가 아닌 뭔가를 흉내 내고 싶을 때 보지 못했던 내 나름의 멋을 발견했고, 그렇게 발견한 내 삶의 기준과 방향이 점점 더 좋아지고 있기 때문이다. 매번 흔들리긴 했어도 방향만큼은 놓치지 않았다는 것을 알게 됐기에 이전에 멋이라 느꼈던 그 무엇은 이제 더는 내게 매혹적이지가 않다. 다행히도.

5
기싸움의 쓸모

막내 작가들이 섭외하는 소리를 들으며 일하다 보면 어김없이 '기선 제압'이란 단어가 떠오른다. '누가 더 노련하게 섭외를 잘하는가?'를 증명하기 위한 은근한 기싸움 같달까.

같은 프로그램에 속해 있긴 하지만 제작은 네 팀으로 나뉘어 팀별로 운영되기에 막내 작가들은 서로의 성과에 신경이 곤두설 수밖에 없다. 게다가 사무실 한 공간에 있는 다른 팀원들에게 섭외 내용이 다 들리다 보니 주변의 시선을 의식하지 않을 수가 없다. 새로 온 막내 작가들 중 일부는 그런 상황이 부담스러워 한여름에 에어컨도 없는 복도에 나가거나 모두로부터 멀리 떨어진 사무실 외딴 구석에 서서 섭외하기도 한다. 간혹 옆자리 작가의 섭외 소리에 위축된다는 고민을 토로하는 막내 작가도 있는 것을 보면 '기선 제압'을 떠올리는 내 감이 영 틀린 것은 아니지 싶다.

노련함을 과시라도 하듯 너스레를 떨며 섭외하는 막내 작가, 섭외 가능성이 높아질수록 목소리가 커지는 막내 작가, 전화기를 들고 어디론가 사라지는 막내 작가 들이 내게는 나름의 방식으로 기싸움을 하는 듯 보이는 것이다. 그런 기싸움의 공기는 팽팽하기도 하고 안쓰럽기도 하다. 이어폰을 끼고 한껏 친절한 목소리로 인터뷰하며 쉴 새 없이 키보드를 치는 모습에서 숨은 조바심이 가득 읽히기 때문이다.

오래전, 나 역시 이런 종류의 기싸움에서 자유롭지 않았다. 새로 시작하는 프로그램에서 처음 대면하는 사이는 물론이거니와 아무리 편해진 사이라 해도 얼마의 기싸움은 항상 있었기 때문이다. 동료 작가 간, PD와 작가 간, 출연자와 작가 간, 스태프와 작가 간의 기싸움.

기선 제압의 행태는 다양했다. 대개 처음 만난 상대에게 밀리지 않으려고 그동안 맡았던 프로그램들을 은근슬쩍 자랑하거나, 거쳐온 제작사들이 많다는 사실을 연관도 없는 대화에 끼워 과시하는 식이었다. 또 불방의 상황을 가까스로 모면한 후일담을 마치 경쟁이라도 하듯 자랑했고 몇 되지도 않는 연예인 인맥까지 들먹이는 등 노골적일 때도 많았다. 때로는 그다지 친하지 않은 사람들과 괜히 큰 소리로 농담을 주고받으며 엄청 발이 넓은 것처럼 보이려 신경을 쓰기도 했다. 기가 세 보여야 뭐라도 유리할 것 같은 생각에 방송가 은어들을 섞어가며 일부러 말을 거칠게 하거나 욕을 거침없이 하기도 했고 돈과 호의를 쓰는 것에도 넘칠 때가 많았다.

비단 나만 그랬을까? 야외 촬영이나 스튜디오 녹화, 연예인 인터뷰 상황에서 기선 제압을 하겠다고 애꿎은 작가나 후배에게 거칠게 구는 PD, 카메라 감독에게 마음이 상한 적이 여러 번 있는 것을 보면 아마도 이런 식의 기싸움에 예외인 사람은 없었던 듯싶다.

그런데 요즘 들어 새로운 궁금증이 하나 생겼다. 요란하고 노골적인 이 기운 자랑의 쓸모에 관해서 말이다.

오랜만에 우리 팀에 남자 작가가 막내로 들어왔었다. K는 대개 남자 막내 작가들이 가진 넉살이나 사교성은 없는 조용한 편이었다. 교과서 모범 답안 같은 대화도, 매끄럽지 않은 말투에서 묻어나는 솔직함도 독특했고 때로는 대학교 방송국 학생들이 학교 축제 섭외를 하는 것 같은 순수함까지 느껴졌다.

하지만 그런 느낌과는 별개로 저렇게 순둥이여서 과연 섭외를 잘할까 싶었다. 내 직속 막내 작가가 아니었음에도 걱정스러웠다. 다른 막내 작가들도 그런 K가 미덥지 않았는지 자신의 섭외 방식을 시범 삼아 보여주기도 하고, 안쓰러움에 이것저것 훈수를 두며 선의와 경쟁심이 섞인 호의를 베풀었다.

"언니네 AI, 가동 시작했어."

옆 팀의 친한 작가가 가끔 메시지를 보내온다. K의 출근을 알리며 하는 말이다.

으레 새 막내 작가들은 긴장이 사라지면 출근 시간부터 흐지부지된다. 그러다 슬슬 섭외 통화량이 줄고, 결국 요령이 열정을 이기는 지점이 온다. 하지만 K는 '으레'라는 절차에 거의 부합하지 않는 막내였다. 출근 시간은 어김없었고, 한결같이 섭외에 정성이었다. 답사에 성공한 날에도 마치 당장 촬영할 자연인이 없는 듯 절박하게 통화해 "물 흐리지 말고 적당히 해라"라는 장난 섞인 핀잔까지 들을 정도였다.

"정말 힘든 세월을 사셨네요. 그런데도 좌절하지 않고 새 인생을 개척하신 게 대단해요."

"선생님이 기쁘셨다니 저도 기쁘고 보람을 느낍니다."

"추운 날씨에 피곤하셨을 텐데 끝까지 열심히 촬영에 임해주셔서 정말 감사드립니다."

"시청률이 좋았어요. 선생님의 진솔함이 시청자에게 전해진 덕분입니다."

옆 팀 작가 말대로 AI 같은 K의 말투는 듣고 있자면 피식 웃음이 나기도 했지만, 가끔씩 마음을 훅 파고들며 옆에서 듣고 있는 사람에게조차 뭉클함을 주기도 했다. 당연한 인사말이 당연하지 않은 요즘, 교과서 같은 막내의 공감이 서툶과 어색함보다 더 마음에 닿았던 모양이다.

그런 K는 한 달에 한 명 찾아내기도 힘든 자연인을 꽤 여럿 찾아냈고, 그만두면서도 후보 리스트를 잔뜩 넘겨주고 갈 만큼 일을 잘했다. 자막, 보도 자료 같은 막내 작가의 다른 업무에서도 모범을 보였다. 옆 팀 작가인 내게도 항상 안부 묻는 것을 잊지 않았고 가끔 응원의 말도 챙기는 등 여러모로 예쁜 후배였다.

팀장을 비롯해 메인 작가, PD 모두가 늘 칭찬을 아끼지 않는 K를 보며 다른 막내 작가들의 마음이 어땠을지는 정확히 모르겠다. 하지만 느닷없이 K의 보도 자료를 흉내 내거나 자연인 리스트를 얼마나 숨겨두고 있냐는 반농담으로 K를 추궁했던 것을 보면, 미덥지 않았던 동료에게 느끼는 위기의식이 마냥 편치는 않았던 듯하다.

또 한번은 순하디순해 보이는 PD가 우리 팀에 새로 온 적도 있었다. 촬영장을 총괄해 연출해야 하는 PD의 경우 기선 제압이 더 필수적일지 모른다. 출연자를 비롯해 모든 스태프가 은근히 텃세를 부리고 때로는 노골적인 갑질까지 보이는 상황에서 나는 그가 촬영장을 어떻게 꾸려갈지 사뭇 궁금했다.

역시나 얼마간 촬영 때마다 다소간의 불협화음으로 소란한 이야기들이 들려왔다. 내심 PD가 상처받지 않을까 싶어 마음이 쓰이기도 했다. 하지만 얼마 뒤 그 '순하디순한' PD가 조용하지만 무게감 있게 현장을 주도하고 있다는 반가운 이야기를 들었다.

이 둘을 보며 자기답게 기운을 쓰는 사람의 뭉근한 힘에 대해 자주 생각하게 됐다. 가만히 살펴보면 저마다 자기 방식대로 자기가 가진 만큼의 기운을 썼을 때, 그 기운은 가장 적절한 힘을 가지게 됐던 것 같다. 스스로를 과시하기 위해 내가 가진 것보다 과도하게 쓴 기운은 결국 나를 소진시켰고, 내 기운이 아닌 것을 그런 척하며 가져다 썼을 땐 그저 부끄러운 속내가 드러날 뿐이었다. 그러고 보면 애초에 누구의 기운을 제압하고 말고의 필요조차 없었던 것은 아닐까?

그런 생각이 든 뒤부터 나는 어떤 자리에 나가더라도, 누구를 만나더라도 괜한 기운을 쓰느라 힘을 빼지 않게 됐다. 뭐 하러 그렇게 애써 기운을 낭비하고 살았나 싶은 기억이 떠오를 때면 민망함에 쓴웃음을 지었다. 그러면서 점점 예전처럼 새로운 만남이 피곤하거나 부담스럽지 않았다. 그저 '내가 가진 만큼의 기운만 가지고 편하게 대하자'고 마음을 먹었을 뿐인데 대부분의 자리가 훨씬 편해지는 것이 확연하게 느껴졌다.

  결국 기선 제압은 그 자체가 무용했던 것이다.

6
마지막 보루를 지키는 깡

문득 지나간 시간이 불쑥불쑥 떠오르는 때가 있다. 그럴 때마다 그 기억 속의 나는 대체로 안쓰럽거나 '졸보'거나 어쩌지 못해 애를 쓰는 모습이다. 물론 기억의 오류란 것이 있을 수 있겠으나 아무튼 비교적 그런 편이었다.

그런데 아주 드물게 도대체 저런 깡이 어디서 나왔나 싶을 때가 있다. 나조차도 고개를 갸웃거리게 되는 몇몇 순간들이.

-&&&&

작은 외주 제작사에서 막내 작가로 일하다가 제법 큰 방송사로 옮긴 무렵이었다. 내가 들어간 프로그램은 종합 구성 형식의 (사전 촬영된 영상, 스튜디오 진행 등 다양한 구성으로 제작된)

정보 교양 프로그램이라 메인 PD와 메인 작가, 각 코너 보조 작가들과 PD들, 두 명의 조연출까지 제법 많은 인원으로 운영됐다. 녹화 날이면 출연자들까지 더해져 인원이 대거 움직였기에 어쩐지 그런 곳에 내가 속해 있다는 것이 꽤 멋지게 느껴졌다.

물론 그만큼 정신을 바짝 차리지 않으면 안 되는 곳이기도 했다. 인원수대로 출력된 원고부터 MC에게 줄 진행용 큐 카드와 감독들의 카메라에 붙일 진행표까지 실수 없이 준비해놓아야 했다. 지금처럼 부수별로 인쇄가 되는 프린터가 없던 시절이라, 중간에 종이가 한 장 걸리기라도 하면 혼비백산해 몇 번째 부수에서 몇 쪽이 사라진 것인지 찾아내야 했다.

게다가 우리 프로그램의 팀장 PD는 방송국 내 '3대 별종'으로 정평이 나 있는 사람이었다. 거의 말이 없는 편이긴 했으나 가끔다가 꺼내는 몇 마디가 차갑고 살벌하기까지 했다. 특히 일에 있어서 강박적으로 완벽을 추구했는데 조금이라도 일에 차질이 생기면 어김없이 폭발했고, 아래 PD들에게는 거친 말도 서슴지 않았다. 당시 나는 그런 욕들이 방송하는 사람들의 멋이라 생각했기에 욕 자체가 무섭진 않았지만, 팀의 가장 막내였기 때문에 그의 발걸음 소리만 들어도 놀랄 지경이었다.

그날은 성우 더빙이 있는 날이었고, 성우가 볼 원고와 스태프들이 볼 원고를 뽑아서 늦지 않게 녹음실에 도착했다. 시간 어기는 것을 극도로 싫어하니 미리 가 있자 싶어 서둘렀으나, 팀장 PD의 얼굴을 보자마자 그가 지난번 짜증스럽게 했던 말이 떠올랐다.

종이 넘기는 소리가 들어가니 다음부터 성우용 원고는 스테이플러로 철하지 말라고.

'그걸 깜박하다니, 내가 미친 거지…'

이 생각을 하는 순간, 팀장 PD가 원고를 빼앗다시피 내 손에서 낚아채 갔다.

"철하지 말라고 했잖아아아아!"

그는 마치 포효하는 짐승처럼 소리를 지르며 원고를 집어 던졌다.

원고로 내 머리를 내리친 후에 집어 던졌는지 바로 바닥으로 집어 던졌는지는 기억이 나질 않는다. 주변 스태프들이 모두 이 상황을 지켜보고 있다는 것이 너무 당황스러워, 그 누구의 눈도 쳐다보지 않은 채 다급히 떨어진 원고를 들고 화장실로 도망친 기억뿐.

당시 나와 친했던 조연출 둘은 화장실에서 울고 있을 나를 찾아 여러 통의 전화를 걸어댔다. 하지만 그들의 예상과 달리, 나는 뜻밖의 '의식'을 치르는 중이었다. 너무 큰 충격 직후라 그런지 나는 오히려 차분하고 담담해졌고 언젠가 직장 생활에 관련

된 책에서 읽었던 팁을 대차게 실행하고 있었다.

바로 가지고 있던 그의 명함을 갈기갈기 찢은 뒤 빈 변기 안에 넣고 시원하게 물을 내려버리는 일.

변기 물살 속으로 그의 성과 이름, 직함이 회오리치며 세차게 빨려 들어가는 것을 빤히 지켜보고 있자니 그 책 저자의 말이 예언처럼 맞았다. 분명 지질하게 졌는데 이긴 것 같은 기분이랄까? 홀로 거하게 의식을 치르고 허리춤에 손을 얹고 거울 속의 나를 지켜보던 나. 그때의 나는 참으로 당차고, 용감무쌍해 보였다. 설령 누군가가 봤다면 '괭년이' 같았을지라도.

-‹‹‹‹

그리고 몇 년 뒤, '깡 좋은 나'를 다시 만난 적이 있다. 서브 작가로 입봉을 하고 3년 차쯤 됐을 무렵, 주요 지상파 방송사 뉴스 중 건강 코너를 맡고 있을 때였다.

보도 프로그램은 고정된 형식이 있어서 구성이나 원고에 대한 스트레스는 비교적 적지만, 정확성이 생명인지라 사실 관계에 문제가 생기는 날에는 생각하고 싶지도 않은 일들을 겪게 된다. 그렇기에 외주 제작사 PD, 작가는 물론 방송국 내 외주 제작 담당자도 눈에 불을 켜고 3분도 채 되지 않는 영상을 몇 번이고 검토해댄다. 하지만 문제는 늘 익숙함과 안일함,

'알아서 했겠지'라는 난데없는 신뢰가 엉뚱하게 시너지를 낼 때 터지고 마는 법이다.

내용은 요로 결석이었다. "요로 내 결석이 3센티를 넘을 경우 어떠하다"라는 내용의 원고였던 것으로 기억한다. 문제는 결석의 크기가 3센티가 아니라 3밀리였어야 했다는 것. 여러 차례 시사를 했기에 분명 누군가는 이상하다고 여겨야 했고, 평소 같으면 걸러졌을 법했건만 결국 그 내용이 그대로 방송에 나가고야 말았다.

방송 직후 시청자 게시판에는 불이 났다. "이런 실수를 지상파 뉴스에서 하다니!"부터 "네 몸에도 3센티짜리 돌 한번 넣어봐라"까지…. 시청자들의 실망과 비아냥이 담긴 글이 줄줄이 올라왔다.

며칠 뒤 나는 본사로 불려 갔다. 가장자리에는 가벽으로 만든 편집실이 즐비하고 중앙에는 칸막이가 무색하게도 모두 개방돼 있는 보도국 한복판에 나는 고개를 숙이고 섰다. 담당자는 원고로 책상을 치기도 하고 손으로 책상을 치기도 하며 나를 향해 고래고래 소리를 질렀다.

"너 하나 때문에 우리 뉴스 신뢰도가 다 떨어졌어!"

"우리 뉴스 시청률이 몇 퍼센트인지 알고나 있냐?"

더 정확한 단어들은 기억나질 않는다. 나 혼자 불려 갔는지 옆에 PD가 있었는지도 모르겠다. 다만 본사 담당자의 분이 풀릴 때까지 한참을 서 있었다는 것과 지나가는 사람마다 나를 한 번씩 흘낏흘낏 쳐다봤다는 것밖에는.

꿋꿋이 그 시간을 버티고 난 뒤, 나는 방송국 구석 화단 어딘가에 멍하니 앉아 있었다. 욕받이는 아무 말도 하지 않지만 욕을 하는 이보다 훨씬 더 기운이 빠지는 법이다.

'그만두라고 하겠지?'

'아니, 그만둬야겠지? 양심상 그게 맞겠지….'

방송사마다 1주일간의 프로그램을 자체적으로 평가해 잘잘못을 방송하는 비평 프로그램이 있다. 내 실수는 그 주 그 프로그램에 안성맞춤 소재를 제공했고, 나는 방에 앉아 정자세로 내 실수가 어떻게 전국에 방송되는지 보고 있었다.

"3밀리를 3센티로 잘못…."

"제작진은 정확하고도 신중한 보도에 힘써야 할 것입니다."

얼마나 가당치 않은 실수를 했는지 다시 한번 실감이 됐다. 분명 혼자서 TV를 보고 있었는데도 그날 보도국에 불려 가 서 있을 때처럼 몸 둘 바를 몰라 꼼짝도 하지 않고 앉아 있었다.

그렇게 방송을 다 보고 '이제 맞을 매는 다 맞았다' 싶은 순간, 묘하게도 전혀 적절하지 않은 감정이 스멀스멀 올라왔다.

'와, 내 실수가 전국에 방송되네. 내가 굉장한 프로그램을 하고 있었구나!' 이런 어처구니없는 자부심이.

마침 나만큼 나를 걱정하고 있던 친정 식구들한테 돌아가며 괜찮냐고 전화가 왔다.

"어, 괜찮다. 실수 좀 했다고 방송에 다 나오네. 참 나."

우습게도 나는 약간 거들먹거리고 있었다. 정말 어깨까지 한 번 으쓱했던 것 같다.

나는 다행히 잘리지 않았고 운 좋게도 그 일 이후로도 꽤 오랜 기간 그 뉴스 코너를 담당했다. 물론 강박증에 가까울 만큼 원고를 확인하고 또 확인하고 또 확인해가며.

≪≪≪

나는 기질과 관련된 심리 검사를 하면 '예기 불안(앞으로 일어날 일에 대해 예상하면서 겪는 심리적 불안)'이라는 항목이 비교적 높게 나오는 편이다. 매사 걱정이 많고 그 걱정만큼 불안도 높아진다는 의미다. 반대로 일어날 경우의 수를 미리 대비하는 편이라 신뢰할 만한 사람으로 해석될 수도 있겠지만 여하튼 결과는 그렇다.

이런저런 일들을 겪으며 나이가 들다 보면 이런 예기 불안이 좀 줄어들지 않을까 생각했지만 아쉽게도 크게 달라지지는 않았다. 설령 불안을 느끼는 횟수가 조금은 줄어들었다 하더라도, 어떤 면에서 강도는 더 높아진 듯도 하다. 나이가 들수록 갑작스러운 사고, 죽음, 차별, 생계, 이별, 단절과 같이 젊은 날과는 달리 '아주 센 것'들이 덤벼들고 있으니 말이다.

이런 상황에 대한 생각으로 불안해질 때면 나는 가끔 그날의 나를 떠올린다. 허리춤에 손을 얹고 화장실 거울 앞에 서 있던, 정자세로 TV 화면을 응시하며 깡 좋게 우쭐거리던 나를.

한없이 내가 쭈그러들거나 바닥으로 곤두박질치는 순간, 그런 나를 더는 두고 볼 수 없다며 언제든 용감무쌍하고 아주 담력 센 내가 나타나줄 것 같기 때문이다. 다소 엉뚱한 대안이라 할지라도 그렇게 보험처럼 믿는 구석을 하나 두다 보면 어쩐지 마음이 조금은 든든해지는 것이 사실이다. 설령 내가 엄청난 잘못을 하더라도, 아무리 감당하기 힘든 상황에 놓이더라도, 완전히 무너져 홀로 내팽개쳐지지는 않을 것 같은 기분이랄까.

7

돈 안 되는 일을 할 만큼의 사치

 전라남도 고흥반도 끝자락, 살면서 한 번도 들어본 적 없는 녹동항에 내렸다. 비릿한 바다 냄새가 코를 찌른다. 갓 잡아 올린 생선을 식당에 대느라 정신없는 뱃사람들과 연신 요란한 사투리로 쏟아지는 호객 행위를 피해 겨우 약속 장소로 들어섰다.
 "작가님, 여기가 녹동항 핫 플레이스인데요…."
 "어? PD님, 카메라 감독님이 바뀌었네요?"
 뒤따라 도착한 카메라 감독은 서울에서 미팅할 때 봤던 분이 아니었다.
 "아, 그게… 아무리 전염이 안 된다고 설명을 해도 영 마음에 걸린다고…."

-‹‹‹‹

 녹동항에서 불과 500미터, 손에 닿을 듯한 거리지만 쉬이 허락되지 않는 섬, 소록도가 있다. 어릴 적 말로만 듣던 문둥병과 나병, 정식 명칭으로 '한센병'이라 불리는 병을 겪은 사람들이 사는 곳이다. 한센병은 전염력이 희박해졌고 완치도 가능해 현재 이 병이 진행 중인 사람은 거의 없다고 봐도 무방하단다. 그런데도 한센병에 대한 선입견은 거의 공포에 가깝다. 나 역시 오늘 출장을 앞두고 어젯밤 가위에 눌리기까지 했으며, 심지어 '선글라스를 쓰고 만나면 덜 무섭지 않을까?'라는 기이한 생각까지 하지 않았던가. 그 카메라 감독은 어린 자녀가 있어서 이 다큐멘터리가 꺼려진다고 첫 회의 때부터 이야기했었다.

 '나도 엄만데….' 생각이 샛길로 빠지려는 찰나, PD가 이번 다큐멘터리의 주제인 소록도 기록의 필요성에 대해 재차 이야기하기 시작했다. 담당 PD인 K는 독립 영화를 제작한 영화감독이자 인류애 넘치는 사람이었고 '착한 다큐'에 대한 비전이 남다른 실력파 PD였다. 굳이 비교하자면 애들 키우기에 무리 없는 선에서 개인의 안녕을 추구하자는 내 직업의식과는 결이 조금 달랐다.

 언젠가 나는 적은 작가료에 열정만 과도하게 요구하는 프로그램을 제안받은 적이 있었는데, 당시 나와 파트너가 될 뻔한 K에게 '다음에 기회가 되면 같이 프로그램 하자'며 급조한 변명을 하고는 발을 뺐다. 그리고 얼마 뒤, 정말 다시 만나게 된 것.

'미안해도 괜한 약속은 하지 말아야 했나?'

후회는 이미 시퍼런 바다 위 소록대교를 넘고 있었다.

소록도의 일부는 일반인에게도 개방된다. 입구의 바닷가, 국립 소록도 병원, 기념품 가게, 거기까지다. 우리는 취재를 위해 국립 소록도 병원 원장 허락하에 통제 구역 안까지 들어가야 했다. 실제로 소록도에 사는 사람들의 집에 가는 것이다.

"전에 공연을 왔던 가수는 통제 구역 안에 들어서면서 갑자기 다리에 힘이 빠진다며 주저앉아 버렸대요."

"펑펑 우는 사람도 있었어요."

병들고 버려졌던 사람들 속 100년의 한이 웅크리고 있는 곳. 그 기운에 눌려 기가 약한 사람은 그리 된다고도 했다. 차를 타고 서서히 통제 구역 안으로 들어섰다.

어떤 사람들이 있을까? 일반인 공개 구역에서 본 사람들 중에도 상당수는 손가락도, 눈썹도 없었다. 그 정도면 마주 볼 수 있겠는데…. 그때 전동 휠체어 한 대가 지나가고 K가 스스럼없이 차창을 열었다.

"아버님, 안녕하세요!"

손가락이 없다. 코는 뭉개져 있다. 우리와 눈이 마주치자 순식간에 '뭐 하는 것들이야?'라는 듯한 눈빛을 쏘며 쌩 지나쳐 갔다. 5분쯤 더 갔을까? 꽃무늬 양산까지 달아 치장한 전동 휠체어가 또 다가오자, K가 반색했다.

"어머님, 안녕하세요!"

"아이고. 젊은이들이 어디서 오셨수?"

아주머니가 양산을 반쯤 들어 올렸을 때, 하마터면 소리를 낼 뻔했다. 양쪽 손이 없었고, 한쪽 눈이 없었다. 분명 눈이 없었다.

놀란 가슴을 쓸어내리는 사이 마을에 도착했고, '칼 가는 날'이라 주민들이 모여 있었다. 소록도 주민을 악랄하게 괴롭혔던 일본인 관리자가 주민의 칼에 살해된 이후, 소록도에는 날카로운 칼을 쓰면 안 되는 규율이 수십 년간 있었단다.

"그래요? 그렇구나…. 아버님, 처음 소록도에 오시던 날 이야기 좀 해주세요."

K는 손가락이 없는 뭉툭한 손을 만지고 등을 쓰다듬어가며 자연스레 취재를 시작했다. 앞서 몇 번 왔으니 처음 온 나보다 친근할 수는 있지만, 그렇다 해도 너무나 스스럼없었다. 나 역시 좋은 다큐멘터리를 만들어달라며 음식을 내주는 어른들께 공손하게 인사를 했지만 그들을 만질 수는 없었다. 그 카메라

감독처럼 단호하지는 못했지만 나도 같은 마음이었다.

"거기 작가 선생! 이 칼 좀 저기 202호 김 씨한테 갖다줘요! 저기 방 보이지?"

얼떨결에 나는 칼을 받아 들고 너른 마당을 가로질러 202호로 향했다.

"계세요? 칼 가지고 왔는데요…."

빈집인가 싶어 방 안에 넣어줄 요량으로 문을 여는 순간 문을 향해 안간힘을 쓰며 오고 있는 사람과 눈이 마주쳤다. 한쪽 눈이 형체를 모를 정도로 주저앉아 뭉개진 코까지 가 있었다. 한쪽 다리는 무릎 아래로 없었다. 양손 역시 손가락은 없었다. 머리카락과 눈썹도 없었다. 그 얼굴로 활짝 웃고 있었다. 웃을수록 일그러졌지만, 입꼬리가 분명 웃고 있었다.

"들어와, 들어와 봐." 그는 부정확한 발음으로 말하며 한쪽 팔을 힘껏 흔들었다.

"칼 전해 드리러 왔어요. 혹시 도움이 필요하세요?" 들어가지 않겠다는 듯 큰 소리로 말했지만, 그는 더 세게 팔을 흔들며 들어오라고 했다. 나는 칼을 문 앞에 두고, 일부러 문을 활짝 열어둔 채 한 걸음 들어갔다.

"뭐 필요한 거 있으세요? 왜…요?" 빨리 부탁을 들어주고 가겠다는 마음을 담아 더 크게 말했으나 그는 그 말에 답도 없이 아주 힘겹게 냉장고를 향해 몸을 끌고 갔다. 무서웠다.

'K는 저기서 내가 안 보일 텐데…. 그냥 나갈까?'

마침내 끙끙 앓는 소리로 냉장고에 도착한 뒤 그는 어렵사리 냉장고 문을 열더니, 아까보다 더 일그러진 얼굴로 활짝 웃었다. 냉장고에 가득 찬 비타민 음료, 두유, 과일 주스가 보였다.

"가져가, 다 가져가."

'하아….' 순간 안도와 창피함이 뒤섞인 탄식이 터져 나왔다.

속마음을 들킬세라 얼른 한 병만 들고 나오려 했으나, 그가 필사적으로 나를 막는 바람에 음료를 열 병 넘게 비닐에 담고서야 그 방에서 풀려나올 수 있었다. 마당을 되돌아 나오며 내 한심한 민낯에, 편견 가득한 속내에 귀까지 빨개졌다. 문 앞에 앉아 손을 흔들고 있는 줄 알았지만 뒤돌아볼 수는 없었다.

'이런 내가 어떻게 저들의 모진 세월을 쓸 수 있을까. 오그라든 손으로 살아낸 처절한 삶을 이야기할 수 있을까. 좋은 일 한다고 고맙다는 인사를 받을 자격이나 있을까….'

긴장과 경직으로 가득했던 모든 감각이 부끄러움으로 다시 채워지고 있었다.

그 후로 나는 소록도 취재를 세 번 더 갔고, 굳이 동행하지 않아도 되는 촬영장까지 갔다. 소록도 역사를 가장 생생하게 기억하는 이들의 이야기를 담기 위해 단종 수술을 했던 폐허에, 바람과 반대 방향으로 서서 자식을 봐야 했던 수탄장 거리에, 돌아눕기도 좁은 방에 가서 서 있었다. 허물어져 가는 기억 속에 남은 그들의 애환을, 파도에 흘려보낸 100년 전의 울음을, 내가 할 수 있는 한 내 초라한 글발에 담기 위해 우두커니 섰다.

-‹‹‹‹

우리의 결실은 이런 소재의 다큐멘터리가 늘 그렇듯 주요 방송사에 편성되지는 못했지만, 완성도와 진정성을 인정받아 관련 협회에서 주는 '이달의 다큐멘터리' 상을 수상했다. 몇 달간의 수고와 열정 페이는 그렇게 위로받았고, 무너지고 사라지는 것에 관심을 두는 단체가 있음에도 감사했다.

사실 어둡고 아픈 이야기를 세상 밖으로 꺼내는 데 사람들은 그다지 관심이 없다. 그래서 돈을 대는 이도 없다. 나 역시 무관심 속에서 나의 열심과 노고를 갈아 넣어야 하는 일에 선뜻 나서기가 쉽지 않았다. 그저 속으로 응원하거나 한 달에 몇만 원 기부하는 것 정도의 선을 넘고 싶지는 않았던 것이다.

새로운 아이템을 발굴하고 취재하는 기획 다큐멘터리는 상당히 품이 많이 드는 것이 사실이다. 그렇다고 그만큼의 보상을 받는 것도 아니었다. 수개월간 작업 후 편성이 되고 방송이

나가야만 끝나기 때문에 정규 프로그램에 비하면 기다리는 시간도 길고 시간 대비 작가료도 적다고 할 수 있다.

그런 프로그램을 맡으면 아이들 꼴, 집안 꼴이 엉망이 되는 것은 불 보듯 뻔했다. 결국 나는 보람과 의미를 찾기보다 이미 구성이 정해져 있어 크게 피곤하지 않고, 매달 꼬박꼬박 작가료가 들어오는 정규 프로그램을 선호할 수밖에 없었다.

100년간 외부의 손이 닿지 않았던 비밀의 섬, 그 천혜의 자연이 품은 경이로움에서 나는 서서히 빠져나와 다시 꽉 막히는 올림픽 대로 위 일상으로 돌아와야 했다. 다시 야무진 타산으로 생계를 고민하며 이숙하게 출근을 하던 길, 모처럼 K에게서 전화가 왔다. 뒤풀이를 하자는 이야기겠지.

"작가님! 저번에 낸 기획안 제작 지원받게 됐어요. 고독사랑 폐교 살리기 아이템이 있는데 어떤 거 하실래요?"

"…"

결국 나는 K와 함께 폐교 살리기 아이템 기획안을 썼고, 생의 마지막을 정리하는 특수 청소부의 삶과 고독사에 관한 영상도 제작했다. 물론 고민은 여전했다. 작가로서의 의미와 보람, 그리고 워킹 맘과 돈, 그 사이 어딘가를 헤매는 고민들.

돈 안 되는 일을 계속하다 보면 깨닫게 되는 것이 있다. 그런 일이 내게 남기는 가치는 애초에 돈으로 환산할 수가 없다는 것이다. 살면서 만나기 힘든 귀한 경험들, 먹고사는 데 꼭 필요하지는 않지만 먹고사는 일이 전부냐는 자조적인 질문의 해답이 되는 것들, 그래서 자꾸 나를 갈등하게 하고 동시에 매료시키는 것들. 그런 것들이 내 삶을 얼마나 풍성하고 깊어지게 만드는지 알게 되면 계산을 포기하고 싶어진다.

  결국 나는 이런 바람을 갖게 됐다. 고민 없이 돈 안 되는 일을 선택할 수 있을 만큼만 호사스러운 삶이면 좋겠다. 일뿐만 아니라 인간관계에서도 인생에서도 나이 들수록 사치스러워도 될 만큼 먹고사는 걱정은 좀 제쳐둘 수 있으면 좋겠다. 그런 지점에 더욱 가까워지는 날이 오면 좋겠다.

8

놓쳐버린 인연들에게

한때, 아주 잠시나마 글을 써서 소위 돈을 '긁어모은' 적이 있다. 물론 그 이후로는 살면서 그런 재운을 다시 만나지 못했지만 말이다.

신혼 초, 한 케이블 방송에서 부동산 관련 프로그램을 할 때였다. 알고 있는 부동산 용어가 거의 없을 만큼 세상 물정에 어두웠고, 특히 지방 출신인 내가 서울 부동산의 가치를 알 리는 만무했다.

그 프로그램을 시작하고 첫 팀 회의 때, 부장님으로 기억되는 분이 내게 어느 동네에 사느냐고 물었다. 이어 아파트인지, 빌라인지, 단독주택인지도 물었다. 굳이 그런 것까지 왜 묻지? 사는 동네와 주거 형태로 내 자산을 가늠할 수 있다는 것을 몰랐던 나는 인사치레로 하는 질문치고는 참 희한하다 싶었다. 하지만 내 옆의 작가는 자기 아파트가 곧 재개발 예정이라는 것과 가구 수와 용적률이 얼마인지 등으로 부장님과 꽤 길게 이야기했던 기억이 난다. 서울 외곽의 빌라에 산다고 대답한 내게는 추가 질문이 없었기에 그 대화에서 나는 완전히 배제된 채였다.

~~~~

 난데없는 내 돈줄은 바로 그 작가가 소개해준 아르바이트였다. 재건축 예정인 아파트 주민들에게 보여줄 건설사 홍보 영상 원고를 만드는 일이었는데, 제작사 대표는 부동산 프로그램 경력이 짧은 나를 노골적으로 탐탁지 않아 했다. 명품 브랜드를 잘 몰랐던 내가 보기에도 머리부터 발끝까지 명품으로 덮은 듯한 그는 내가 미덥지 않은지 잘할 수 있겠냐는 질문을 거듭했다. 그럼에도 2000년대 초반, 재건축 붐이 일었던 때라 수첩에는 재건축 예정 아파트 목록이 빼곡했고, 대표는 어쩔 수 없이 못 미더운 내게도 일을 맡기는 눈치였다.

 내가 할 일은 홍보할 건설사가 얼마나 믿을 만하고 실력 있는 회사인지 가능한 한 잔뜩 부풀린 원고를 써서 대표에게 넘기는 것이었다. 그러면 그는 원고를 토대로 홍보 영상을 제작해 시공사 선정 투표 현장에 들고 나갔다. 내가 홍보를 맡은 건설사는 몇 군데 되지 않았고 어차피 소개 내용은 같았기에 나는 원고에서 아파트 이름과 그 지역의 특색만 조금 수정하면 어렵지 않게 원고 한 편을 완성할 수 있었다. 거의 '거저먹는다' 라고 해도 무방할 만큼 쉽게 쓰는 원고였다. 그럼에도 작가료는 꼬박꼬박 원고 한 편 값을 받았고, 방송 원고에 비하면 원고료도 훨씬 많았다. 나는 신이 나서 더 꼼꼼하게 일을 했고 대표 역시 처음의 걱정과 달리 무리 없이 원고를 써내는 나를 보며 일주일에 몇 건이고 일을 맡겼다.

그렇게 몇 달 동안 1,000만 원 단위로 돈을 벌었다. 겨우 5년 차 방송작가로서는 만질 수 없는 수준의 돈을 받으며 꿈인가 싶었다. 엄마에게 결혼 자금을 제대로 드리지 못했던 게 미안해 거금 500만 원을 용돈으로 드렸고, 빌라 대출금도 1,000만 원 넘게 갚았다.

불과 반년도 안되는 기간 동안 나는 요술 방망이 같은 돈벌이에 모든 시간을 쏟아부었다. 회의에 오라면 만사를 제치고 갔고, 마감 기한이 아무리 짧아도 무조건 일을 받아 와서는 며칠이고 밤을 새웠다. 그 바람에 한 달에 두 번이나 생리를 할 만큼 몸에 무리가 갔지만 대수롭지 않았다. 일이 많다 보니 밤늦게까지 회의가 이어질 때도 많았는데, 그럴 때면 제작사 대표는 고급 외제 차로 나를 집까지 태워줬다. 그러고는 우리 동네에 올 때마다 이 '죽음의 동네'에서 빨리 이사 나오라는 말도 빼놓지 않고 했다. 내 신혼집은 지하철 역에서 조금 먼 빌라촌이었는데, 얼른 돈을 벌어 아직 오르지 않은 강남 어딘가에 반드시 집을 사야 한다며 열변을 토했다. 내 소중한 신혼집을 그리 표현하는 데 마음이 상하기도 했지만, 엄청난 원고료를 생각하면 그 정도는 참을 수 있었다.

그 무렵, 지상파의 인지도 있는 프로그램 코너 일이 들어왔다. 케이블 방송과 홍보 일로 여유도 없었고 돈맛을 알아버린 내게 그 일은 푼돈 벌이같이 여겨지긴 했지만, 이력서에 번듯한 한 줄을 넣어야겠다는 생각에 선뜻 수락했다. 대개 방송작가 5년 차쯤 되면 경력이 웬만큼 쌓여 일에 대한 감도 있고 열정도 넘칠 때라 오라는 곳이 많아진다. 이때 야무지게 경력을 쌓고 돈을 벌어야 한다며 프로그램을 겹쳐서 하는 작가들이 많았다. 나 역시 프로그램을 여러 개 한다고 으스대고 싶은 마음도 있었다.

내가 일하게 된 곳은 이제 막 시작한 1인 제작사로, 대표인 PD가 그 코너를 담당할 것이라 했다. 10분짜리 작은 코너를 맡아서 하기에는 연차가 많아도 한참 많은 팀장급 PD였다. 처음으로 자신이 차린 제작사의 첫 프로그램이니 오죽 잘하고 싶었을까. 첫 미팅을 하고, 나는 그의 열정이 살짝 부담스러웠건만 그는 오히려 동료가 생긴 것에 든든해 했다. 업무 회의를 마치고 나더니 '사무실이 지하에 있어 환기가 안 돼서 미안하다, 화장실에 가려면 건물을 한참 돌아 나가야 해서 미안하다'며 환경은 열악하지만 자기가 일을 많이 도와주겠다 했다. 한참 후배뻘인 내게도 예의를 갖췄고 세심하고 따뜻한 사람처럼 느껴졌다.

하지만 그의 선의와 별개로, 그 일은 역시 물리적으로 내게 무리였다. 아무리 코너 하나라 해도 지상파 간판 프로그램이라 본사 회의도 종종 있었고 아이템도 시사도 만만치 않았다. 그런 데다 일일이 PD의 열정에 호응하려니 번거로운 품도 많이 들었다. '돈도 얼마 안 되는데… 어지간히 불러젖히네.'

내 건방에 내가 놀랄 정도로, 나는 처음의 결심과 달리 성실함도 잃어가고 있었다. 나는 딱 최소한의 할 일만 하기를 원했고, PD는 조금 더 마음을 써주기를 원했다. 더 좋은 아이템은 없는지, 촬영은 잘 진행되고 있는지 수시로 관심을 두기를 원했다. 사실 그렇게 하는 것이 맞았다. 예전의 나라면, 또 내게도 중요한 프로그램이라면 그 정도는 어려운 일이 아니었다.

결국 나는 명절을 잘 보내라며 5만 원을 봉투에 넣어주던 그 대표에게 그만둬야 할 것 같다고 말을 꺼냈다. 홍보 영상 일이 계속 늘기도 했고, 자기만큼 열정적으로 일해주기를 바라는 마음이 부담스러워서였다. 그런 내게 PD는 자기가 괜한 소리를 해서 마음을 불편하게 했다며 미안해했고, 나는 그런 것이 아니라 했지만 속으로는 홀가분했다.

※

 20년이 훌쩍 지난 지금, 나는 두 사람 모두와 연락을 하지 않는다. 홍보 영상 회사 대표와는 관계를 이어갈 마음이 없었고 1인 제작사 PD와는 껄끄럽게 헤어졌으니 연락을 할 수가 없었다. 조금 더 솔직하자면 그때는 사람을 남긴다는 것 자체에 크게 의미를 두지 않고 살았다는 말이 더 맞는지도 모르겠다. 내 주변에 있는 사람들보다는 어렵게 잡은 내 자리를 지키는 것, 또 새롭게 찾아오는 기회를 놓치지 않는 것을 위해 정신을 바짝 차리지 않으면 안 될 때였다. 그저 오고 가는 사람들과 그 시절에 해야 하는 일들을 해내기에도 바빴다. 어쩌다 계속 연결이 되면 오래 남는 것이고 떠날 일이 생기면 또 그냥 멀어지는 것이었다. 그러는 사이 고마운 인연을 놓치는 줄도, 무례한 인연에 마음이 다치는 줄도 몰랐다.

방송 일을 오래 하고 보니 함께 일했던 사람들이 종종 생각 날 때가 있다. 무례했던 인연들을 떠올리는 것이 그다지 어려운 일은 아니다. '그때 그 사람, 생각해보니까 진짜 나한테 함부로 했었네. 나쁜 인간이었네.' 욕 한 번 하면 그만이고 더 마음 쓸 일도 없다. 문제는 지금이라도 사과하고 싶은 인연, 고맙다고 말하고 싶은 인연이 자꾸 떠오르는 것이다. 이제는 소식을 몰라 미안하다고 말할 수도, 고마웠다고 말할 수도 없는 그런 인연들.

 원래 막내 작가 시절에는 돈이 궁하다며 지하철 에스컬레이터를 타고 내려가는 내게 꼬깃꼬깃하게 접힌 3만 원을 쥐여 준 서브 작가 언니도 있었고, 혼이 나서 풀 죽은 나를 한강 둔치에 데리고 나가 커피를 사준 누군가도 있었다. 처음 일하는 막내 작가가 실수하면 이미지 나빠진다며 대신 실수를 뒤집어써 준 PD, 하던 프로그램이 갑자기 종방되자 막내 작가였던 내 일자리가 걱정돼서 아는 프로덕션 몇 군데를 일일이 데리고 다니며 소개해준 PD도 있었다. 이제 와 생각해보면 대가 없이 베풀어준 그 마음이 정말 고마워서, 늦었지만 지금이라도 식사 한 끼 꼭 대접하고 싶은 이들이 분명히 있었다. 아마 내가 기억해내지 못하는 고마운 인연들이 더 있을지도 모르겠다.

이런 안타까움이 자꾸 쌓여도 별 도리가 없는 시간을 보내다가 언젠가 나름대로 묘안을 하나 생각해냈다. 매달 10만 원 정도, 처음부터 없었던 돈이라 생각하고 돌려받지 않아도 되는 진심을 써보기로 한 것이다. 도움을 주고 싶은 후배들, 마음을 보태고 싶은 지인들, 진심이 필요한 누군가에게 매달 10만 원어치 커피 쿠폰, 비타민 혹은 작은 정성을 전해보는 것. 때때로 그보다 더한 돈이 들거나 다른 어떤 수고가 필요해진다고 할지라도 말이다. 고마운 줄 모르고 놓쳤던 나의 인연들에게 보내는 마음으로. 언젠가 내 진심 덕에 누군가 한 번쯤 가슴이 따듯해진다면 더없이 좋고 아니어도 괜찮다는 그런 마음으로. 소소한 즐거움을 계속해서 써보는 중이다.

2장
나의 안녕에 무심했던 날들

1
충분히, 충분하다

 어떤 취약함이든지 그로 인해 바닥을 치고 올라오는 힘은 결국 내 안에 있다고 예전부터 믿고 있었다. 그 덕분인지 언젠가부터 나의 취약함, 때로는 초라함이 바닥으로 치달을 때도 크게 두렵지 않았다. 오히려 그 취약함에서 충분히 헤매도록 기다려줬고 그 후의 단단함이 더 밀도 있어지는 것도 경험했다. 물론 그럼에도 그 시간을 통과하기가 매번 쉽지는 않지만.
 아침 일찍 방송작가 협회에서 지원하는 건강검진을 받고 나오던 길이었다. 따듯한 햇살에 모래 냄새가 살짝 섞인 봄바람이 불었다. 그런 날이면 봄 공기가 온몸에 달라붙는지 평소 나답지 않게 마음이 들뜬다. 건강검진 장소가 여의도였고, 마침 〈나는 자연인이다〉 녹음실도 멀지 않은 곳에 있었다.

'더빙하는 거나 보러 갈까?'

솔직히 내가 쓴 원고를 성우가 더빙하는 모습을 보기란 몹시 민망한 일이다. 녹음실만큼은 절대 가지 않는다는 후배 작가도 있을 정도니까. 하지만 한편으로는 내 원고에 음악과 성우의 목소리가 덧입혀져 근사해지는 순간을 느껴볼 수도 있다. 나는 그 기분을 가끔은 느끼고 싶어 하는 편이었다. 별 탈 없이 녹음이 끝났고, 녹음실 실장님과 PD와 근황을 나누며 건강검진을 받고 왔다는 이야기를 하는 사이 성우도 인사를 하러 나왔다.

4년 만에 〈나는 자연인이다〉 프로그램에 돌아온 뒤로 한 번도 인사를 한 적이 없었으니 '반갑다, 오랜만이다'라는 인사를 건넬 것이라 생각한 그때, 그는 예고편도 없이 뜻밖의 이야기를 시작했다.

"예전부터 하고 싶은 말이 있었어요."

"담당 작가님들 네 분 다 얼굴을 도통 볼 수가 없어서요."

"작가님께만 하는 이야기가 아니라 다른 작가님들께두 하고 싶은 말이긴 한데…."

이런 말들을 이어가며 그가 꺼낸 이야기의 요지는 이것이었다. 작가들은 음악과 자막 작업이 완성되기 전인 가편집본을 보면서 원고를 쓰다 보니, 원고에서 생생한 느낌이 조금 떨어지는 면이 있다는 것.

 물론 작가님들 원고를 가지고 뭐라 하는 것은 아니라며 거듭거듭 마음 상하게 하지 않으려는 말을 덧붙였지만, 아무래도 자존심이 상할 수밖에 없는 내용이었다. 그는 계속해서 그동안 기회가 없어 말하지 못했던 자신의 생각을 풀어놓았다.

 예상치 못한 이야기에 나는 침착하려 했지만 이미 말을 버벅거렸고, 분위기가 애매하다 싶었는지 PD와 실장님은 슬그머니 자리까지 피해버렸다. 들떴던 기분이 한순간에 가라앉았다. '하필 지금 이야기를 하는 건 내 원고가 맘에 안 들었다는 거 아닐까? 아니, 나는 뭐 하러 풀쑥 여기에 와서는….'

 작가에게 원고 이야기는 실력에 대한 평가이기도 했고 자존심이기도 하기에 예민할 수밖에 없다. 물론 사람마다 예민함이 더하고 덜하고의 차이는 있겠지만, 나는 때로 예쁘다는 말보다 글 잘 쓴다는 말에 더 기분 좋기도 했으니 아마 더한 쪽일 것이다. 그렇기에 그때의 일은 꽤 뒤끝이 길었다.

─‹‹‹‹‹─

 그리고 얼마 뒤, 기억이 희미해져 갈 무렵이었다. 답사 가는 날 아침에 조연출이 커피를 건네며 말했다. "작가님, 저 어제 성우님이 작가님 원고 너무 좋았다고 이야기하는 거 얼핏 들었어요." 뜻밖의 이야기에 기분이 좋아지려던 차, 이번에는 PD가 답사 차량에 타며 재차 말했다. "작가님, 어제 성우가 최근 읽은 자연인 대본 중 작가님 원고가 제일 좋았고 그림이랑 느낌도 너무 잘 맞았다고 하더라고요."

"아, 그래요?" 연거푸 들은 칭찬이 좋기도 하고 또 대놓고 듣는 칭찬이 머쓱하기도 해서 괜히 어깨를 들썩이는 과장된 리액션을 해 보였다. 평소 쓰던 것이랑 하나도 다를 바 없이 썼는데. 어디가 그렇게 좋게 느껴진 것일까?

붕 뜬 기분이 가라앉지 않아, 먼 산을 바라보는 내 얼굴이 씰룩거리는 모습이 창에 비쳐 보였다. 히죽거리지 않으려 애쓰는 사이 예전에 성우에게 상했던 마음도 거짓말처럼 스르르 녹는 듯했다. '그런 칭찬은 좀 더 많은 사람들이 있을 때 들었어야 했는데. 그래도 PD가 들었으니 내 체면은 좀 회복됐네….'

묵은 체증이라도 내려간 듯 기분은 가벼웠고 언제 달려도 좋은 산길은 유난히 더 푸르렀다. 하늘까지 파란 날이면 컴퓨터 바탕화면 같은 풍광을 한 시간이고 두 시간이고 멍하니 바라볼 수 있는 답사 길. 좁은 산길로 들어서면 종종 전화도 터지지 않으니, 걸려 올 전화도 없이 그야말로 마음이 순식간에 평온해지는 시간이다.

일을 하러 가면서 이런 호사가 또 어딨나 싶은 순간이 찾아오는 것이다. 여러 가지 스트레스로 이런저런 회의감이 들 때면 이제 이 프로그램을 그만둘까 싶다가도, 이런 순간이 오면 오래오래 이 프로그램을 하겠다고 또 감사한 다짐을 새삼스레 하게 된다.

그날은 남쪽 끝에 있는 자연인을 만나러 가는 길이라, 가도 가도 짙은 녹음과 산 능선 굽이굽이 시원하게 드러난 하늘뿐인 산길을 몇 시간째 달리고 있었다. 아까의 기분은 이제 가라앉고 멍하니 반나절 넘게 차에 앉아 창밖을 바라보고 있는데 문득 파고드는 생각이 있었다.

'뭘 그리 안달복달하며 사냐. 그냥 좀 무던하게 살자. 하루는 폴짝 뛰어올랐다가, 또 다음 날은 맥 빠져 지하를 뚫었다가 하지 말고.'

거대한 자연 속 작고 작은 존재의 더 작고 작은 문제가 대수롭지 않게 여겨지는 순간이었다. 그런 생각에 닿으니 조금 전 달뜬 마음이 한심하게 느껴졌다.

⋙

마음만은 진짜 무던하게 살고 싶었다. 매일 그렇게 되뇌기도 했고.

해가 바뀌어 25년 차가 되면서 스스로 내 연차에 놀라거나 어디에 나를 소개할 일이라도 생기면 더 그런 마음이 들었다. 기대치에 걸맞은 결과물을 내고 있는지 스스로 자주 잣대를 댔고, 혹시 실망하는 목소리는 없는지 곤두서기도 했다. 본사 시사에서 욕을 먹거나, 시청률이 덜 나오거나, 제작 과정에서 불협화음이 나도 어쩐지 나이가 많은 내게 조금 더 책임이 있는 듯했다. 후배 작가들의 원고에 비해 내 원고는 더 깊이가 있는지 살펴보기도 했고, 나보다 선배인 작가들이 하는 타 방송 다큐멘터리 원고를 자주 모니터링하기도 했다. 혼자 그런 부담들을 티 안 나게 끌어안다 보니 마음은 자주 너덜너덜해졌다.

한편 연차라는 것은 묘하게도 이중적이어서 실력과 노련함은 요구하면서도 소위 '꼰대' 티는 내지 않기를 바랐다. 이제는 내 자식뻘의 아이들이 막내 작가 지원을 하는 상황까지 왔으니, 나는 존재 자체로 불편한 '노땅'이 돼 있었다. 부담과 서글픔을 다 떠안아야 하는 입장이랄까.

불현듯 조금 전 칭찬에 한껏 좋아했던 나한테 역심까지 났다. 이 정도 연차가 됐으면 내 글에 대해 스스로 믿어주는 마음이 있어야지. 뭘 그리 남의 칭찬 몇 마디에 날아갈 듯 좋아했다가 또 조금의 지적에도 코가 쑥 빠지나. 내 경박함에 싫증이 났다. 마치 신이 난 나와 그간 너덜너덜해져 지내던 내가 다른 인격이라도 되는 양, 속에서 서로 부대꼈다.

다른 사람의 이야기에 이제 좀 그만 휘둘리자고 아무리 다짐해도 또 맥없이 술렁이게 돼 있긴 하다. 하지만 이제 어떤 말을 듣고 어떤 말을 흘려보낼지 정도는 선택할 수 있는 주체성이 생길 때도 되지 않았나. 혹은 다른 사람의 이야기를 무조건 평가나 비판이라 단정 지으며 날 세우지 말고 그저 하나의 의견으로 받아들여 더 발전하는 계기로 삼으면 안 되나. 그것도 어렵다면 타인의 말보다 나 자신이 해주는 말에 좀 더 귀를 열어두고 그만 동요하면 안 되는 것인가.

'뛰어나든 좀 부족하든 이만큼 버텨온 게 실력이지. 이만하면 됐어. 지금으로 충분하다고!'

산에다 대고 한참 동안을 불뚝거리며 마음을 정리하고 나니 아까 히죽거릴 때보다는 조금 더 편안해진 듯한 얼굴이 창문에 비쳐 보인다.

'그래, 누가 뭐래도 여기까지 온 게 실력이다. 그러니 충분히, 충분하다!'

말없이 달리는 답사 차 안에서 나 혼자 이렇게 널을 뛰고 있는 줄, 누가 알기나 할까.

2
자연인이 산으로 가는 까닭은

'도대체 이렇게 깊은 산골까지 뭐 하러 들어와서 사는 걸까?'

그런 사람들을 찾는 것이 나의 직업이면서도, 〈나는 자연인이다〉를 하던 초창기에는 자주 이런 생각을 했다. 1,000미터 고지나 되는 가파른 산길을 갈 때나 눈앞에 뱀이 지나갈 때, 한 발이라도 헛디뎠다간 깊은 강가로 빠질 것 같은 외길을 기다시피 걸을 때면 의문은 한심함으로까지 번졌다.

하지만 프로그램을 맡은 지 8년이 지난 지금, 그런 의문과 못마땅한 마음은 이제 거의 다 사라진 듯하다. 병원에서조차 포기한 병을 안고 마지막 희망으로 산을 찾은 자연인들이 어떻게 생존하는지 실제로 목격하면서부터였다.

3개월밖에 살지 못한다는 폐암 환자가 산에서 7년을 살기도 했고, 직장암 말기의 환자가 장루 주머니를 차고 산을 찾았다가 새로운 삶을 얻기도 했다. 병원에서도 원인을 찾을 수 없는 뇌혈관 질환으로 말하는 것도 걷는 것도 어려웠던 이들이 일상을 되찾았을 뿐 아니라 실명 위기의 면역 질환, 초기 암 등 수많은 질병으로 절망에 빠졌던 이들이 설명할 수 없는 자연의 신비로 건강을 회복하는 경우를 수없이 봐왔다.

그러고 나서 또 다른 부류의 자연인들이 산을 택한 이유를 납득하기까지는 꽤 오랜 시간이 걸렸다. 몸에 병이 있는 것이 아님에도 불구하고 외부와 상당 부분 단절된 채 홀로 산에 살기를 선택한 이들 말이다. 그들의 마음을 이해하기란 쉽지 않았다. 좀 더 솔직히 말하면 "자연이 좋아서"라는 말로 방송에서 포장은 했지만 사회 부적응자, 별종, 아웃사이더 같은 느낌이 들 때도 왕왕 있었다.

물론 나는 그런 사람들이 있어야 방송을 만들 수 있으니 그들이 많다는 것은 반가운 일이었다. 그들이 산을 선택할 만큼 수많은 인생의 우여곡절을 겪었다면 미안하게도 더할 나위 없었다. 그럴 때면 프로그램을 좀 더 극적으로 구성하기 위해 애썼고 예의의 선을 넘지 않으면서 그들의 아픈 곳을 집요하게 캐묻기도 했다. 단순히 "자연이 좋아서"라는 이유만으로는 한 시간이라는 방송 시간을 다 채울 수가 없을 것 같아서였다.

20대에 산에 들어와 거의 30년을 산에서 지낸 총각 자연인을 주인공으로 방송을 만들 때였다. 한창 일할 나이에 법을 공부하러 들어왔다가 철학적인 사유에 빠져 평생 산에 눌러앉았다는 자연인. 나는 그를 포장하기에 마땅한 아이디어를 찾지 못하고 있었다.

 나뭇가지에 못을 박아 아궁이 위에 걸어둔 자연 친화적인 옷걸이, 수십 년에 걸쳐 일일이 손으로 쌓았다는 투박한 돌담, 날짜 바뀌는 것을 호두알로 센다며 호두를 옮기려 마련해둔 그릇 두 개, 겨우내 계곡물이 얼면 빨래를 할 수 없어 모았다는 수십 켤레의 양말 더미, 자주 넘어지는 곳에 커피 믹스 봉지를 묶어 표시해둔 줄…. 30년간의 산 생활이 오롯이 묻어나는 모습은 모두 정겹긴 했지만 그럼에도 여전히, 무려 30년을, 그 아까운 청춘을 이 산골에서 보낸 그의 마음에 나는 도무지 공감하지 못했다.

 별다른 도리가 없으니 마음을 다잡고 평소 빨리 감기로 보던 프리뷰 파일을 정속으로 놓고 다시 천천히 들여다보기 시작했다. 그렇지 않아도 느린 말투라 지루했지만, 인내심을 갖고 그의 한마디 한마디에 귀를 기울였다.

 "나무가 땅의 물을 빨아들이면 내가 숨을 쉬는 거 같아. 나도 숨 쉬고 나무도 숨 쉬고 그런 나무를 보고 있으면 든든해. 그냥 같이 있는 거지. 저는 나 보고 나는 저 보고 같이 사는 거야. 서로 말을 안 해도 서로 지켜보고 있는 거, 그게 좋은 거지."

실제로 그가 노숙자처럼 보인다는 것을 반증하는 인터뷰가 될 것 같아 처음에 아예 넘겨버린 내용도 새삼스레 눈에 들어왔다. "언젠가 내가 서울 영등포에 갈 일이 있었는데, 내가 노숙자인 줄 알고 주민등록번호를 묻더라고. 노숙자 사기 뭐 그런 거였나 봐. 사람들은 나를 그렇게 보더라고. 나는 그런 사람이 아닌데…."

"그냥 나는 나 편한 대로 사는 건데 말이야." 그는 멋쩍게 웃어 보이며 나무에서 느껴온 그만의 생각들을 느리지만 분명하게 이야기하고 있었다. 다시 들어보니 긴 세월 그가 자연에서 느낀 사유들은 의외로 깊었고 한마디 한마디 귀 기울일수록 마음에 울림까지 느껴졌다. 그런 마음으로 촬영된 내용들을 다시 꼼꼼하게 보고 있자니 답답하다고 넘긴 인터뷰마다 자연을 대하는 그의 마음에 깊은 진심이 담겨 있었다. 그렇게 내가 놓친 이야기들을 다시 곱씹다 보니 차츰 방향을 잡을 수 있었다. 결국 그 편은, 자연인의 진심 그대로 '정말로 산을 좋아한 순수 총각'을 보여주는 방향으로 방송했다.

그러고 보면 사실 그전에도 내가 자연인들에게 가장 많이 듣는 말 중 하나는, 자연이 더없는 위로가 된다는 것이었다. 세월을 거듭해도 늘 옆에 있어주는 자연을 비록 그럴싸한 말로 표현하지는 못했지만 그들은 하나같이 입을 모아 자연을 예찬했고, 그 품이 얼마나 한결같고 든든한지 온 마음으로 이야기하고 있었던 것 같다. 다만 내가 그것을 마음으로 듣지 못해 매번 다른 이유를 찾고자 했을 뿐.

8년 가까이 답사를 다니며, 자연에서 위로받는 이들을 계속 만나며 그리고 그들이 말하는 자연의 위로를 조금씩 체험하며 이제야 비로소 자연을 제대로 동경할 수 있게 된 나는, '과연 그들에게 무엇이 위로였을까'라는 궁금증에 내 나름의 해답을 찾을 수 있었다.

변함없이 계절마다 피는 꽃에, 해마다 열리는 열매에, 값없이 내주는 나물 한 줌에, 말없이 그 자리에 있는 나무에 그토록 자연인들이 위로를 얻었던 이유는 바로 묵묵함(묵묵함: 말없이 잠잠하다)이었다.

-<<<<

나는 사람들의 말을 관찰하고 분석하기를 즐겨 하는 편인데, 그럴수록 자연이 주는 위로의 의미를 더욱 확연히 깨닫게 된다. 사실 우리의 관계 속에서 위로라는 이름으로 건네는 말들 중 '충조평판(충고, 조언, 평가, 판단)'을 벗어나는 말은 매우 드물다. 물론 상대의 진심까지 매도하자는 것은 아니지만 어쨌든 작정하고 대화의 내용을 살펴보면 그저 들어주기만 하는 대화는 몇 마디 되지 않는다는 것을 금세 알게 된다. 너 나 할 것 없이 쉽게 건네는 어줍잖은 위로는 '충조평판'의 범위를 크게 벗어나지 못한다.

상대의 마음을 온전히 이해한다는 것은 거의 불가능에 가까우니 조언과 판단은 미뤄둔 채 그냥 들어줬으면 싶지만, 사람들은 웬만해서는 자기 방식의 위로를 멈추지 않는다. 물론 나 역시도. 그래서인지 때로는 상대의 위로가 길어질수록 이 힘듦은 오롯이 나만의 것이라는 외로움 속에 더욱 갇히게 되고, 그 위로는 공허해지기 일쑤다.

그러다 보니 묵묵한 자연의 위로에 더 흠뻑 빠지게 되고, 결국 그런 위로가 오랜 시간 너무도 간절했던 이들은 익숙한 것과의 단절을 감수하고서라도 자연과의 깊은 연결을 선택하는 것이다. 이런 생각은 자연인들을 만나는 해를 거듭할수록 점점 더 분명해졌다. 그리고 그 자연의 묵묵함을 마주하는 짧은 시간, 나 또한 거대한 자연의 품에서 설명할 수 없는 평온함을 맛보기도 한다. 변함없고, 신실하고, 고요한 자연에 가만히 서 있자면 나를 조여오던 긴장이 스르르 풀리며 느긋해졌고 자연의 거대한 섭리 안에서 실타래처럼 꼬인 문제들은 금세 단순해졌다.

'뭐 하러 이렇게 깊은 산까지 들어와서 사는 거야'라고 생각하던 몇 년 전 내 마음은 그렇게 점점 변하더니 '나도 자연인이 한번 돼볼까'라는 생각에까지 미치게 됐다. 가끔 취재를 하다 말고 "이런 땅은 얼마에 살 수 있어요?" 같은 질문을 하고 있는 나를 보면 당황스럽기까지 하다. 종종 우리 팀 작가 넷이서 이런 뒷이야기들로 수다를 떨곤 하는데, 그때마다 누가 먼저 서로의 아이템이 돼줄 것인지 진지한 농담을 하는 모습을 보자면 자연의 위로에 홀린 사람이 비단 나뿐만은 아니지 싶다.

3
남의 눈에서 해방된 고수들

"500회를 위하여!"

국장님의 건배사 선창에 너무도 놀란 우리는 모두 후창을 외칠 타이밍을 놓쳤다. '무슨 말 같지도 않은 소리를 하시는 거지?'라는 마음의 소리를 서로 눈으로 주고받았다. 200회를 앞두고 회식을 할 때였다.

첫 회부터 일을 했던 작가는 물론이겠지만 100회 무렵부터 함께한 나도 200회까지 오기가 결코 녹록지 않았다. 매달 아이템 압박에 지쳐 인간다운 삶을 위해서는 이 프로그램을 그만두는 것이 낫겠다는 결심을 거의 매일 하다시피 하고 있었다. 아무리 찾아도 이제 더 이상 자연인은 없을 것 같은 이 상황에 500회라니. 정말 말도 안 되는 소리였다.

그런데 결과적으로는 우리가 틀렸다. 〈나는 자연인이다〉 방송이 올해로 14년째, 이미 700회를 향해 가고 있다. 그날 건배사를 외친 이후 회식에서 나눴던 이야기가 있다. 아마도 우리 프로그램을 보고 산에 들어가 사는 사람들이 나올 것이라고. 어쩌면 우리 프로그램이 자연인 양성 프로그램이 될 수도 있을 것이라고. 모두 우스갯소리로 한 이야기였다.

하지만 이 우스갯소리는 현실이 됐다. 프로그램 초창기에 출연했던 자연인들은 산 생활 연차가 대체로 10년 이상이었다. 그런 사람들을 주로 섭외하기도 했지만, 일단 만나보면 연차가 길기도 했다. 그에 반해 최근에 출연하는 자연인들은 연차가 10년 미만, 심지어 산에 산 지 2, 3년밖에 안 된 '초보' 자연인들도 꽤 많다. 14년이나 된 우리 프로그램보다 산 생활을 해온 시간이 더 짧다는 의미다.

실제로 출연자들의 상당수가 우리 프로그램의 열성 팬일 뿐 아니라, 프로그램을 보며 산 생활을 할 수 있겠다는 용기를 얻었고 실질적인 노하우도 보고 배웠다고 말한다. 결국 자연인 양성 프로그램이 될 것이라는 우스갯소리가 적중한 셈이다. 단순하게 생각해볼 때, 만약 이런 방식이 계속된다면 종방이 먼저 되는지 자신이 먼저 그만두는지 보고 싶다는 작가들의 궁금증은 이미 답이 나온 것이나 다름없다.

이렇듯 산에 들어가 사는 사람들이 느끼는 것이 우리 프로그램의 장수 비결인 것은 분명해 보인다. 하지만 장수의 비결이 단순히 이런 식의 양적 증가에만 있지는 않을 것이다. 아무리 많은 출연자가 있다 하더라도 결국 어떤 의미나 감동이 없다면 금세 외면당하는 것이 방송계의 냉정한 현실이니까.

사실 언젠가부터 우리 프로그램의 시청 연령층이 꽤 다양해지고 있다. 주된 연령층이었던 중년 남성뿐 아니라 여성도 늘기 시작하더니 최근에는 심지어 10대 마니아층까지 생기고 있다. 실제로 자기 아이가 우리 프로그램을 너무 좋아한다며 연예인 출연자인 이승윤 씨, 윤택 씨 사인을 받아달라는 부탁을 자주 받기도 한다.

그렇다면 점점 이렇게 다양한 연령층이 우리 프로그램을 보는 이유는 뭘까?

ᴸᴸᴸᴸ

간혹 방송에 출연하면 정말 좋을 자연인을 찾았음에도 촬영으로 이어지지 못할 때가 있다. 대체로 그들이 촬영을 거절하는 이유는 남사스러워서 못하겠다는 것이다.

"아는 사람들이 보면 뭐라고 하겠어."
"자식들이 부끄러워할까 봐 싫어."

"한때 내가 잘나갔던 사람인데 지금 사는 걸 남들이 보면 흉볼 거야."

하지만 반대로 출연을 희망하는 이들에게는 '남사스러워서'가 없었다. 내세울 것이 없어서 그런 것은 아니었다. 대기업 임원이나 고위 공무원, 정치인처럼 소위 '한자리 했던' 자연인들도 꽤 많았으니까.

"출연 반대하시는 분은 없나요? 가족들이 괜찮다고 하시던가요?"라며 오히려 우리 쪽에서 걱정이 돼 묻기도 했지만 되레 출연자들은 "내가 좋다는데 무슨 상관이야?" 또는 "나 사는 거 꼭 한번 여러 사람들한테 보여주고 싶어"라며 걱정이 무색해지는 대답을 했다.

시청자들이 우리 프로그램을 꾸준히 보는 이유가 여기에 있다고 나는 생각한다. 누추한 공간이든, 보잘것없는 일상이든, 자랑할 만한 결실 하나 없는 곳이든 한결같이 신이 나 있는 얼굴들. 자신의 삶을 얼마나 사랑하는지 한눈에 봐도 알 것 같은 벅찬 표정들. 그 속에서 대리 만족과 대리 행복을 얻고 있기 때문이 아닐까.

직접 자연인들을 만나는 실제 내 느낌도 그랬다. 어떻게 이곳에 터를 잡고 살게 됐는지 그 운명적인 만남을 설명하느라 신이 난 얼굴과 직접 지은 공간들을 하나라도 놓칠세라 분주하게 소개하는 모습은 흰머리가 수북한 나이에도 순수한 아이 같았다.

자신의 키에 맞게 설계된 천장과 동선에 맞춰 지은 집, 가장 좋은 전망을 매일 보기 위해 만든 차 마시는 공간, 혼자만 앉을 수 있는 아늑한 크기의 음악 감상실 등 자신에게 최적화되게 만들어놓은 것들을 자랑할 때는 스스로도 감탄했다.

살면서 충족되지 못했던 것들을 한풀이하듯 넘치게 채우고는 뿌듯함에 어쩔 줄 몰라 하는 이들도 있었다. 어릴 적 단칸방에 하도 오래 살아서 무조건 집을 크게 짓고 싶었다며 최대한 크게 2층 집을 짓거나, 배고팠던 것이 한이라며 텃밭에 수십 가지 채소와 과일나무를 원 없이 심거나, 음악이 사치이던 시절의 꿈을 못 잊어 창고 하나를 온통 악기로 채우기도 했다.

그 모든 것에 '남사스러워서'라는 말은 통하지 않았다. 심지어 드러내기가 다소 꺼려질 것 같은 사연조차도 거침이 없었다. 듣고 있던 나조차도 '저런 이야기는 굳이 안 해도 되는데, 나라면 좀 남사스러울 거 같은데'라는 생각이 들 정도였지만 그들은 전혀 의식하지 않았다.

생생하게 그 모습을 지켜봐온 나는 이제야 알 것 같다. 그들은 진즉에 깨친 것이다. 남사스럽다는 마음 자체가 얼마나 부질없는지를. 남을 의식하느라 내가 행복할 시간을 빼앗기는 것이 얼마나 어리석은지를. 결국 자연인들의 거침없는 자기 개방을 염려했던 내 마음조차 오만이었다 싶다. 남의 눈에서 해방된 진짜 고수들에게 오히려 내가 오지랖이 넓었던 것이다.

무엇이 나를 행복하게 하는가? 그 답을 찾았고 그래서 그 순간에 머물기로 한 사람들. 그들의 행복은 단순하고 명쾌했다. 자기의 기쁨을 먼저 생각했고, 누구의 눈도 의식하지 않았다. 그런 자연인들을 만나고 올 때면 나도 덩달아 기운이 솟을 때가 있다. 비록 산이 아닐지라도 어디에서든 나도 내가 행복한 순간을 찾아서 머물러야겠다는 용기를 얻은 기분이랄까. 살면서 '남사스럽지 않을까' 하는 수많은 순간들이 생기겠지만 다른 사람들의 눈에는 내 행복이 없다는 것을 그들의 삶을 통해 다시 확인하게 되는 것이다.

답사를 마치고 여의도로 들어서는 시간, 서울의 야경을 보고 라디오로 〈배철수의 음악캠프〉를 들을 때면 으레 '아, 이제야 돌아왔구나'라는 안도감이 들었던 나는, 종종 서울에 들어서면서도 가끔 산에서 본 하늘이, 무수한 별이, 초록의 숲이 생각 날 때가 많다.

남사스러움 따위는 괘념치 않는 단순하고도 확실한 행복이 있던 그 공간이.

4
유머와 낭만의 상관관계

 한국의 알프스라 불리는 지리산 정령치는 해발 1,172미터 고지에 있는 백두대간의 본줄기다. 지리산의 주요 봉우리들을 한눈에 담을 수 있는 정령치의 절경과 이곳에서 보는 백두대간 일출은 여느 산과 견줄 수 없을 만큼 장관이라 정평이 나 있다. 게다가 고맙게도 정령치 전망대는 차로도 오를 수 있어 산악인뿐 아니라 일반 관광객에게도 기꺼이 호사를 선물한다.
 "와, 여행 간 거예요? 뭔가 엄청 몽환적인데요!"
 지상 세계가 아닌 듯 운무가 산봉우리를 어렴풋이 덮었고, 그 위로 곱디고운 파랑이 끝을 모르고 펼쳐진 하늘을 배경으로 전망대에서 찍은 내 사진을 보면 대체로 이런 반응을 보인다.

-&&&&

 사진을 찍은 날은 전날 답사를 실패하고 다시 서울로 올라갔다가 새벽부터 전라도로 내려온 날이었다. '설마 오늘 갈 두 곳 중 하나는 촬영할 만하겠지' 기대를 했으나 그날 역시 모두 다 실패. 이제는 더 가볼 곳도 없는 상황이었다. 몸도 마음도 지친 우리 팀 넷은 누구도 말을 하지 않은 채 라디오 소리뿐인 적막한 차에 타고 있었다. 지친 와중에 헛구역질이 나올 만큼 구불구불한 산길을 혼자 운전하고 있는 PD를 보자니 미안했고 메인 작가로서 체면도 말이 아니라 가시방석이었다. 더구나 그때는 같이 일을 한 지 얼마 되지 않아 만만한 사이도 아니었다.

 "뭐, 끝날 때까지 끝난 게 아니니까요!" 뜬금없이 한마디를 던진 PD가 창문을 열자 답답한 공기를 완전히 갈아치울 듯한 기세로 천고지의 청량한 산 공기가 힘껏 밀고 들어왔다. 우리 모두 의아해서 PD를 쳐다보자 PD는 부러 장난 섞인 소리로 한 번 더 말했다.

 "끝날 때까지는 끝난 게 아니다! 요기 베라!"

 그제야 우리는 각자의 몫으로 쥐고 있던 긴장을 풀고 피식피식 웃었다. 그리고 순간 거짓말처럼 나타난 정령치 전망대.
"답사도 실패했는데 사진이라도 한 장 건질까요?"

그렇게 탄생한 사진이었다. 우리는 그날 모두 인생샷을 찍었고, 그 지역의 유명한 피순대 맛집에서 순댓국을 한 그릇씩 했다. 그리고 PD는 그 근처, 내가 평소 가고 싶었지만 가기 힘들었던 시할머니 댁에 잠시 들러줬다. 그날 시할머니의 말랑하고도 주름진 얼굴을 맞대고 찍은 사진은 시할머니가 얼마 전 98세로 돌아가시고 오래 마음에 남는 사진이 되었다.

―‹‹‹‹

 유머 감각은 재능이 아니라 정신력이라는 생각을 본격적으로 하기 시작한 것은 그때부터였지 싶다. 나는 평소에 꽤 유머러스하다는 소리를 듣는 편이었다. 그런데 내 유머 감각은 이렇다 할 걱정이 없는 편안한 날 한정이었다. 불안과 긴장, 극한의 상황에서는 옴짝달싹 못 하고 굳어버려 조금의 틈도 허락하지 않겠다는 듯 경직됐다. 심각할 때는 철저하게 심각했고 불안할 때는 마치 단 한마디의 유머도 뱉어본 적 없는 사람이 됐다.

 방송 일은 대체로 좋긴 했지만 그런 상황에 나를 자주 빠뜨렸다. 당장 아이템이 없어 수십 통의 전화를 돌리고도 성과가 없을 때, 답사를 모두 실패하고 산길 어딘가에서 이 집 저 집 애타는 심정으로 무작정 돌아다닐 때, 원고를 반도 못 썼는데

예상치 못한 일들이 터질 때…. 비단 방송뿐만이 아니었다. 일상에서도 조금이라도 버거운 상황에 맞닥뜨리면 마치 '얼음, 땡 놀이'를 하듯 나는 완전히 얼어버렸다. 심각할 때 충분히 심각하지 않고 무거운 분위기를 바꾸려 실없는 농담을 던지는 이들을 보면 신기했고 가까운 사이일 때는 타박을 하기도 했다.

그런데 내가 고수해온 이런 태도들이 실제로 문제를 해결해준다거나 나를 덜 힘들게 해주지 않는다는 것을 살면서 경험치로 차츰 알아가기 시작했다. 그러다 보니 나도 가끔은 어떤 상황을 대책 없다 싶을 만큼 가볍게 대응해보고 싶어졌고 그것이 가능한 사람들을 보면 마음을 뺏기게 됐다.

그런 점에서 로베르토 베니니 감독의 〈인생은 아름다워〉는 아주 오래전에 본 것임에도 상당히 자주 곱씹게 되는 영화였다. 여러 감동적인 서사는 차치하고라도 아들을 지키기 위해 무자비한 수용소 생활을 '단체 게임'이라 말하며 버텨낸 것과 죽는 순간까지도 장난인 듯 연기하며 아이에게 웃음을 주던 모습은 가상의 인물임을 알면서도 존경심마저 들게 했다.

'죽음의 공포 앞에서 저게 가능하다고?' 지어낸 이야기에 나는 반복해서 질문하고 같은 대목에서 감탄했다. 그 영화뿐만 아니라 독립운동을 앞둔 전날 언제 죽을지 모른다며 음악에 몸을 맡기는 낭만이나, 전쟁 상황에서 전우끼리 혹은 시한부 인생의 연인과 나누는 유머가 담긴 영화를 볼 때면 비슷한 지점에서 감탄했다. 나는 더 이상 심각한 상황에서 실없는 농담을 던지는 이들을 타박하지 않게 됐고 오히려 부러워하거나 닮으려고도 했다. 실제로 긴장되는 순간에서 쪼그라드는 마음과 달리 농담을 해보려 애를 쓸 때도 있었다. 그러고는 티도 안 나는 그 변화가 뭐라고, 우습게도 혼자 뿌듯해했다.

━━━━

얼마 전, 아주 오랜만에 답사를 깔끔하게 실패하고 또다시 산속 외딴집을 기웃거려야 하는 상황을 맞닥뜨렸다. 오래전부터 알고 지내던 분이라 출연을 거의 확정 짓고 바람이나 쐬자며 가볍게 갔던 답사길, 하지만 제대로 김칫국이었다. 집 위치를 꼼꼼히 확인한다고 했으나 국립공원과 경계 부분이 있다는 사실을 놓친 것이다.

국립공원 인근 촬영은 허락을 받기도 어려울 뿐 아니라 촬영 과정도 매우 까다롭다. 그럼에도 허가를 받고 촬영을 해보려 오고 가는 답사 차 안에서 분주하게 통화를 했건만 결론적으로 제약이 많아 불가능하다는 판단이 섰다. 부랴부랴 두 번째 후보를 찾아 충청도로 차를 돌렸다. 두 번째 답사지는 위치도 확인이 안 된 상태였고, 만날 분이 당장은 촬영도 원치 않아 불안한 상황이었다. 다같이 1박까지 하며 희망을 가져봤으나 역시나 실패. 출연자가 한사코 여름 촬영을 고집했다.

　이번 답사는 성공을 장담했던 터라 일정도 빠듯하게 잡았고 바로 다음 날부터는 1주일간의 명절 연휴였다. 연휴가 끝나자마자 촬영인데 이대로 출연자가 없으면 다음 팀에 사정해 방송 순서라도 바꿔야 하나? 머릿속이 하얘졌다. 경상남도에 후보 한 명이 더 있긴 했으나 출연 자체를 고민 중이라 설득이 될지 장담할 수 없었다. 게다가 조연출은 다음 날 일본 여행을 가기로 한 상황. 누구도 이번 답사가 꼬일 것이라 예상치 못했다. 선수답지 못하게도. 자존심이고 뭐고, 두 번째 후보에게 '한 번만 살려달라' 애원했지만 너무나도 확고했다. 이번에는 성공할 거라며 어젯밤 팀원들끼리 인생네컷 사진을 찍고, 맥주를 한잔한 것은 설레발이었지….

　하는 수 없이 조연출이 일본을 다녀온 뒤, 명절 연휴 마지막쯤 각자의 고향에서 기차와 버스를 타고 경상남도로 집합해 설득을 해보기로 하고 터덜터덜 산을 내려오던 길이었다. 조연출은 여행을 포기할 수 있는지 연락하느라 분주했고, 막내작가는 넋이 나간 표정이었다. PD와 나 역시 이게 최선인가 싶어 잠시 말이 없었다.

"우리 진우, 일본 가야지! 보내줄게, 인마." 체력은 바닥이었지만 웃음기는 빼지 않고 PD가 먼저 말을 꺼냈다. "그래. 불편하게, 재밌게 놀다 와. 나는 곤약 젤리, 복숭아 맛." 나도 웃음기를 넣어 보탰다.

"이 정도는 조이고 실패해줘야 답사지! 나는 고향이 경남이라 올 때 가까워서 더 좋네." 막내 작가 팔짱을 끼며 내가 한마디 더 얹었다. 막내 작가도 조연출도 엉거주춤했지만 웃을 듯 말 듯 마음을 조금 놓는 듯 보였다. 나 역시 한마디 한마디 실없는 소리를 할수록 그만큼 무게가 덜어지는 기분이었다. 이제 답사 실패는 희미해진 채로 피차 시답지 않은 일본 여행담, 점심 메뉴, 아까 간 졸인 이야기 등을 주고받았다. 그런 내가 신기했고 기특했다.

결국 성과 없이 돌아가던 길, 문득 그 근처에 사는 분 중 통화만 몇 번 했던 누군가가 떠올랐다. 스마트폰으로 사진을 보내는 법도 영상통화를 하는 법도 몰라 취재가 전혀 안 됐던 분이었다. 밑져야 본전이라는 마음으로 들렀건만, 웬걸, 손에 꼽힐 만큼 좋은 환경이었다! 그야말로 구세주가 따로 없는 상황. 우리는 자연인 집 사진을 찍으며 "와, 살았다!" "아! 정말 감사합니다!" "역시 죽으라는 법은 없네요!" 저마다 애태웠던 마음을 온갖 감탄사로 쉴 새 없이 뱉어냈다.

그날 나는 아주 대수롭지 않은 몇 마디의 유머가 어떻게 불안과 심각의 늪에서 우리를 구원할 수 있는지 아주 진하게 체험한 것만 같았다. 그리고 내게는 꽤 힘들었던 관문을 무사히 통과해낸 것 같은 모종의 희열까지 느꼈다. 어쩌면 유머는 살면서 고단함의 무게를 덜어주는 가장 강력한 '치트키'일 수 있겠다 싶다. 그리고 그 덕에 우리가 일상의 작은 낭만을 놓치지 않고 있는지도 모를 일이다. 그 비싼 경험을 잊지 않기 위해 설레발로 찍은 인생네컷은 책상 앞에 붙여뒀다.

5
젖은 불고 편집은 안 끝나고

 새벽 다섯 시나 됐을까? 적막한 경인로 위로 차를 겨우 올렸다. 간혹 지나가는 택시의 헤드라이트만 보일 뿐 도로는 온통 캄캄했다. 운전대를 잡을 기운조차 없었지만, 젖이 불어 돌덩이가 된 가슴의 통증 때문에 몸은 곤추섰다. 텅 빈 도로가 무섭기도 했지만, 무엇보다 이번만큼은 결정을 내려야 할 것 같은 오기를 담아 사납게 액셀을 밟았다.

 별 특별할 것도 없는 기업 방송 원고를 끝내고 들어가던 새벽이었다. 분명 특별할 것 하나 없는 원고였고, 계획대로라면 나는 어제 퇴근해 말랑말랑한 젖을 6개월 된 둘째에게 먹이며 평화롭게 옹알이를 듣고 있어야 했다.

 기업 방송작가는 그렇게 불안과 긴장감 없이 아이를 키우기 위해 지상파 방송을 포기하고 선택한 일이었다. 그 덕분에 출근하면서 모유 수유도 가능했다. 출근과 동시에 젖을 끊으려 했지만 네 시간마다 돌던 젖을, 시간을 벌려 퇴근 시간에 몇 번 먹이다 보면 거짓말같이 딱 그때 젖이 돈다는 선배의 말을 들었다. 놀라울 만큼 인체는 신비로웠다. 출근 때 젖을 먹이고, 낮에 화장실에서 아주 조금만 짜내 버리고 나면 퇴근 때까지는 통증 없이 버틸 수 있었으니 말이다. 당시 대기업에는 여직원들을 위한 유축기와 모유 보관 냉장고도 있다 했지만, 여의도의 열악한 제작사에 그런 복지가 있을 리는 만무했다. 그러니 퇴근 시간에 퇴근만 하면 됐고, 기업 방송 일은 비교적 그게 가능했다.

Y라는 PD와 꼬이지만 않는다면 말이다!

같은 경상도 출신에 세상 인간적인 Y와 나는 수다도 자주 떨고, 인생사 고민도 함께하는 사이였다. 하지만 같이 일만 하면 그는 마치 인격이 두 개라도 되는 양 딴사람이 됐다. Y와 사적으로는 만나도 일은 안 하겠다는 작가까지 있을 정도였지만 나는 '합을 잘 맞춰 어찌저찌 일은 한다'는 쪽이었다. 프로그램 완성도를 위한 히스테리라면 어느 정도는 참아낼 수 있었고, 경력 단절도 되고 싶지 않았으니까.

살다 보면 느닷없이 모든 것이 꼬여버리는 이상한 날을 종종 만난다. 그날은 촬영부터 편집, 원고, 우리 컨디션까지도 모두 최악의 조합인 날이었다. 촬영 현장이 협조적이지 않아 촬영본이 만족스럽지 못했고, 그러다 보니 쓸 수 있는 컷을 고르는 시간은 계속 늘어졌다.

 Y도 점점 짜증이 차오르는 듯했다. 퇴근 시간을 넘기자 점점 딱딱해지는 가슴 때문에 나 역시 말투에 신경질이 묻어났고, 그사이 화장실에 앉아 젖을 두 번이나 짜내고 온 터였다. 자정을 넘기면서 우리는 피차 평정심을 잃어가고 있었다.

 "원고에 꼭 담으라고 전달받은 내용이 있으니까, 그냥 중복된 컷이라도 길이대로 붙이죠. 어쩔 수가 없잖아요, PD님."

 "그게 말이 됩니까? 똑같은 컷을 몇 분 사이에 또 붙이는 게. 작가님, 너무 날로 먹는 거 아닙니까? 촬영본을 다 뒤져서라도 찾아내야죠."

 '날로'란 말에 Y도 아차 싶은 표정이었지만 이미 뱉은 뒤였다.

 "날로 먹으려고 새벽 한 시까지 일해요? 그림을 좀 충분히 찍어 왔어야죠."

 나도 순간 그의 자존심을 건드렸다.

 "구성작가가 뭡니까? 없는 그림으로도 구성을 잘하는 게 작가지. 있는 거 쭉 붙이면 누가 못 합니까?"

그의 특기였다. 그놈의 '구성작가가 뭡니까' 타령. 이쯤 되면 PD와 작가의 원색적인 설전이 시작된다. '잘 붙여야지'와 '잘 써야지' 사이의 인과관계를 규정할 수 없는 논쟁. 하지만 참 신기하게도 PD와 작가는 신경전을 벌이다가도 데드라인을 앞두고는 한마음이 된다. 방송 펑크는 낼 수 없다는 명확한 합의점이 있기 때문이다.

새벽 다섯 시, 결국 서로를 있는 대로 할퀴고 난 뒤 주차장에서 덩그러니 나를 기다리는 차에 몸을 실었다. 외로움을 많이 타는 나는 사물에도 마음을 준다. 운전석에 둔 토끼 방향제와 빨간 머리 앤을 향해 "아이고, 너네라도 밤새 기다려줘서 고맙다" 하며 고달픈 한숨을 내뱉었다.

말은 생계형 작가라며 씩씩한 척하고 다녔지만, 사실 둘째까지 낳고 일을 하려니 머릿속은 24시간 아이들의 스케줄과 내 스케줄, 집안일 처리로 돌아가고 몸은 의지와 상관없이 늘 1.5배속으로 움직이고 있었다.

'지금 일을 그만두면 우린 순식간에 가난해질까? 쉬다가 돌아오면 다시 일을 할 수 있을까? 어디까지가 버텨야 하는 마지노선일까?' 답을 찾고 싶어 질문을 해대는 사이 돌덩이 가슴은 아프다 못해 수유 패드를 뚫고 젖이 새고 있었다.

40여 분 만에 아파트 주차장에 도착했다. 운전을 시작한 지 얼마 안 된 내게는 운전도 주차도 난제였다. 출근하려다 도로의 버스들이 무서워 다시 집으로 돌아와 차를 놓고 나간 적이 있을 정도로. 해가 뜨려는지 하늘이 푸르스름하게 밝아졌다. 그래도 밝으니 다행이다 싶은 순간, 우리 동 앞 양쪽으로 불법 주차가 돼 있는 것이 아닌가?

 두 차 사이를 지나갈 수 있는지 도무지 감이 서질 않아 내려서 간격을 보고 조금 앞으로 움직이고, 또 내려서 보고 조금 앞으로 움직이기를 반복했다. 내 티셔츠 앞은 젖이 흘러 이미 반은 젖었고, 남편은 자느라 전화도 받지 않는 상황. 내렸다, 운전했다를 5분쯤 반복했을까? 남편과 연락이 닿았다. 이것도 못 지나가냐고 투덜대며 잠이 덜 깬 상태로 내려온 남편을 잡도리할 기운도 없이 집으로 뛰어 올라가 자는 둘째에게 억지로 젖을 물렸다. 상체가 다 굳어버릴 것 같은 통증을 순식간에 해소할 방법은 그것뿐이었다.

 다행히 둘째는 분유가 안 맞았던지 잠결에도 젖을 빨기 시작했다. 그제야 긴박한 격전을 끝낸 내 모습이 화장대 거울을 통해 눈에 들어왔다. 피부가 다 먹어버린 듯 덕지덕지 거뭇하게 남은 화장, 마치 뜯긴 것같이 헝클어진 머리, 가슴을 다 드러낸 몰골.

'영숙아, 이제 그만두자.' 깊은 탄식을 토했다.

⋘

 그날 그렇게 더 이상 견디기 힘들 것 같은 막다른 길을 만나고서도 결국 나는 그만두지 못했다. 진짜 생계형이라 그랬는지, 오히려 내 맷집이 점점 더 강해졌던 것인지는 정확히 모르겠다. 그 후로도 생각만 해도 설움이 북받치는 날들은 수없이 많았지만, 여전히 나는 그 자리에 있었다.
 아이들이 훌쩍 크고 나서 한동안 그 시절을 되돌아보며 나는 한결같이 확신했다. 숱하게 힘든 날들을 버티지 말았어야 했다고. 그때의 미련함이 쌓이고 억눌려 내 마음이 이토록 병들었노라 단정 지으며 자책하고 후회했다.
 그런데 언제부턴가 그 확신에 대해 서서히 반문이 생기기 시작했다. 그 후회는 과연 옳은가? 버티지 않았다면 행복했겠는가? 미루어 보건대 아마도 나는 매 순간 답답하리만치 신중하게 한 걸음씩 옮겼을 테고, 언제나 적정선을 고민했을 것이다. 그런 내 모습을 회상해보자니 지리멸렬한 길에 홀로 서서 어렵게 해냈을 모든 선택을 '후회'라는 한 단어로 매도해버리고 싶지 않았다. 그 시간을 홀로 버텨낸 내게 책임까지 추궁하는 것은 너무 가혹하다는 생각이 들었고 무엇보다 그 치열한 걸음들이 모여 지금의 나를 여기에 데려다 놓은 것이라는 확신이 들었기 때문이다.

여전히 선택은 어렵다. 모유 수유와는 또 다른 차원의 고민이 매일 쉴 새 없이 고개를 쳐든다. 일에 치여 사춘기 아들들과 사이가 나빠진 것 같을 때, 훌륭히 엄마 역할을 소화해낸 듯한 사람들 옆에서 내 경력이 무가치하게 느껴질 때, 다양한 관계 안에서 홀로 섬처럼 여겨질 때, 내가 하는 선택들이 맞는지 매번 머뭇거린다.

하지만 이제는 자책과 후회 대신 고군분투하고 있는 내게 조금은 더 다정해지려 한다. 어디까지 가야 하고 어디서 멈춰서야 할지 매번 고민하는 내게 이제라도 다정하게 그 마음을 물어봐 주려는 것이다. 몇 년 후에 지금의 시절이 어떻게 회고될지 모르는 채로 그저 오늘의 나를 믿으며 발을 떼고 있는 내게 그 안부가 힘이 돼주기를 바라는, 그 걸음이 덜 외롭기를 바라는 마음으로.

6
마음을 다치면서까지 지켜야 하는 것은 없다

정연, 다현, 지경 그리고 나. 우리 넷은 한때 모 기업의 사내 방송을 주름잡던 작가들이다. 영향력을 단언할 순 없으나 모두 10년 가까이 일을 했으니 '주름잡았다'는 말이 아예 틀리지는 않을 것이다.

"J 팀장이 가장 신뢰한 작가, 영숙 작가가 쏘는 밥 한번 오랜만에 먹자! 작가료도 제일 많이 받았잖아." 농담으로 건넨 말인 줄 알고 있으나 그 이름을 들으니 생각이 많아졌다.

J는 계열사 홍보 팀을 거쳐, 그룹 전체 홍보 팀까지 치고 올라온 야심가이자 지독한 일중독자에 왕따까지 자처하며 관계보다는 성과를 중시하는 사람이었다. 그러다 보니 주위의 평판은 나빠도 홍보 담당자로서 업무 실적은 최상이었다. 마음

에 들지 않는 작가나 PD는 제작에서 빼달라고 제작사 사장에게 은근히 압력을 넣는 일도 다반사였기에 그에게서 살아남는다는 것은 은근히 자부심이기도 했고, 실제로 작가료를 더 요구할 명분이 되기도 했다.

한 작가는 어느 날, 편당 1,000만 원을 준다 해도 J와는 일을 하지 않겠다고 선언했다. J가 신뢰했던 작가 한 명은 J의 무리한 일정 요구에 화가 나 순간적으로 그를 들이받아 버린 뒤 그와 일을 할 수 없게 됐다.

나만 혼자 남았다. 하필 연중 그의 히스테리가 가장 심한 프로젝트들을 앞두고. 혼자 그를 감당해야 하는 위로금으로 제작사 사장님은 작가료를 소폭 올려줬다. 뭐, 그의 히스테리가 근거 없는 것은 아니니 일만 제대로 하면 되겠지. 그리고 왕따를 자처한 그의 일중독은 생존을 위한 몸부림이었기에 종종 나는 그에게 연민도 느꼈었다.

'감히' 그를 동정하며, 나는 J가 홍보 담당자로 입지를 굳힐 수 있도록 최선을 다했고 홍보 영상물 준비에도 열정적으로 임했다. 보지 않아도 되는 각종 참조 영상을 찾아가며 아이디어를 냈고 그도 내 실력과 열심을 인정하는 듯 회의 때마다 만족했다.

그러던 중, 다음 회의 때까지 수정된 기획안을 달라는 그의 말에 큰아이의 초등학교 입학식이 있어 하루 늦겠다는 말을 전했다. 웬만해서는 일정 변경을 하지 않는 내가 큰맘 먹고 한 말이었다. 입학식은 중요한 일이고, 또 그와 나 사이에 그 정도의 신뢰는 형성됐다고 생각했기에.

나를 빤히 보던 그의 답은 이랬다. "So what? It's none of my business!(어쩌라고? 내가 알 바 아니잖아!)"

잠시 정적이 흘렀다. 난데없이 영어로 말하는 그를 보며 무슨 의미로 하는 말인지 몰라 잠시 멍해졌기 때문이다. 하지만 이내 당황스러운 기색을 감추고 냉정을 되찾았다. '그럼 그렇지, J인데. 신뢰는 무슨….' 그동안의 내 착각이 무안했다.

기획안이 통과되고, 이제 홍보 영상 원고를 쓰는 단계에 들어섰을 때 둘째가 장염에 걸렸다. 재택근무를 하기로 하고 병원에 다녀오던 길, 안고 있던 둘째를 현관 앞에 내려놓는 순간 J에게서 전화가 왔다. 1차 원고 피드백을 받기로 한 날이었다.

그는 작가들이 아이 핑계 대는 것을 극도로 싫어했다. 통화 중 아이 우는 소리에 짜증을 내는 J 때문에 어느 작가는 그와 '한판 붙을 뻔'하기도 했다. 순간 둘째를 중문 안으로 들여놓고 현관문은 열어놓은 채 복도 반대쪽 끝으로 뛰어나갔다. 난데없이 엄마에게서 버려진 둘째가 울기 시작했고 복도 반대편이었지만 아이의 발악에 가까운 울음소리는 수화기를 통해 생생하게 전해졌다.

"애가 우는 건가?"

"아닙니다. 길거리예요. 지나가는 아이예요."

졸지에 지나가는 아이가 된 둘째는 겁에 질려 엄마를 부르며 울어댔고 나는 복도 끝에서 10여 분 통화한 끝에 눈물, 콧물 범벅이 된 둘째를 안을 수 있었다.

그는 최종 원고가 나올 때면 더욱 예민해진다. 그도 그럴 것이 J 위로 상무와 사장단까지 몇 장 되지도 않는 원고를 눈에 불을 켜고 검토해대기 때문이다. 그러니 내게 수시로 전화를 했고 시시콜콜한 것까지 수정을 요구하며 홍보 담당자가 제작사 작가에게 지켜야 할 최소한의 인격적 선을 넘으며 짜증의 강도를 높였다.

내일은 둘째가 덜 회복되더라도 꼭 어린이집에 보내야겠다고 결심하며 둘째를 보는 것도 아니고 원고를 쓰는 것도 아닌 상태로 보내던 오후, 그가 또 전화를 했다. 장난감을 가지고 노는 둘째를 보며, 방으로 들어가서 전화를 받을지 베란다로 나갈지 우왕좌왕하다 서둘러 통화 버튼을 누르고 베란다 문을 닫았다. 거실과 베란다 사이에는 유리문이라 엄마가 보이면 둘째가 안심할 테니까.

  분명 나는 내가 베란다로 나가서 문을 닫을 작정이었다. 그런데 정신을 차려보니 베란다에 서 있는 것은 아이였다. 겨울이었고, 둘째는 맨발이었다. 느닷없이 베란다 밖으로 자기를 밀어버린 엄마를 보며 놀람과 서러움에 아이는 대성통곡했다. 서로 자리를 바꾸기에는 늦었다. 그는 이미 일일이 단어 하나하나 불러가며 원고 수정을 하기 시작했고, 나는 하나도 놓치지 않고 받아 적어야 했다. 너무 울어 소리조차 나오지 않는 둘째의 얼굴을 유리문 밖에 두고 울지 말라는 절절함을 담은 내 얼굴을 보여줘 가며, 애타는 마음만큼 손도 바쁘게 움직였다.

  길고 길었던 전화가 끝나고 베란다 감옥에서 나온 둘째의 울음은 쉬이 그치지 않았다. 얼음장이 된 작은 발을 내 옷 속 배 위에 넣어 데우며 아이에게 너무나 미안해서, 가슴 졸인 내가 너무 안쓰러워 나도 한참을 울었다. 둘째의 서러움에 내 설움까지 더해져 아이의 발에도 내 마음에도 온기는 쉬이 돌아오지 않았다.

"잠시만요, 제가 좀 이따 전화 드릴게요."

"죄송합니다. 지금 전화 받을 상황이 못 돼서요."

  이 당연한 말이 나는 왜 그렇게 어려웠을까? 도대체 나는 뭐가 겁났던 것일까? 나는 왜 부당함에도 쩔쩔매며 웬만하면 내가 참는 쪽을 선택했을까?

─‹‹‹‹

《묵상하는 삶》(켄 가이어, 두란노)이라는 책에서, 인생의 모든 사건과 순간은 영혼에 씨앗을 심는다는 내용을 본 적이 있다. 그 숱한 씨앗들이 마음과 의지에 내려앉아 우리 삶의 방향을 바꾸기도 한다고. 지난날 잊히지 않는 몇 가지 사건들이 책의 내용처럼 내 마음에 내려앉은 것인지, 내 삶의 방향키가 이전과는 다른 방향으로 움직이고 있다는 것을 요즘 자주 느낀다.

마치 나의 안녕에 반하는 것들에 적극 대항하는 투사라도 된 듯 예민하게 반응할 때가 점점 늘고 있기 때문이다. 투사보다는 '느긋한 지킴이' 정도가 좋긴 하겠지만 아직은 그간의 억울함 때문인지 불끈 쥔 두 주먹에 힘이 쉽게 빠지지를 않는다. 그 때문에 아직은 덜 유연한 상태로, 다소 저돌적인 자세로 내가 안녕할 수 있는 선을 넘는 이들에게 힘줘서 말하는 중이다.

"I'm sorry but it's none of my business!"

7
모성, 어디까지 위대해야 하나요

 장마로 눅눅해진 살림살이의 꿉꿉함을 견디지 못하고 가사 노동에 온 기운을 다 뺀 뒤, 노트북 앞에 앉은 시각은 무려 정오였다. 네 시면 아이가 오고, 또 남편도 곧 퇴근할 텐데. 이래서 재택근무는 이도 저도 안 된다. 집안일을 하는 것도, 회사 일을 하는 것도 아닌 뒤죽박죽 상황. 그렇게 오늘 쓸 기운을 다 소진하고 간신히 앉아 촬영본을 보며 편집 구성안을 두 장이나 썼을까, 후배 작가 소은이에게서 전화가 왔다.

 "언니, 너무 답답해서요. 아니, 나는 애 보느라 모임은커녕 회사 일도 제대로 못 하고 있는데, 남편은 오늘 술 약속에 간대요. 그래놓고 그 정도도 이해 못 하냐고 더 난리예요."

 소은이는 오래 알고 지낸 후배였고. 소은이의 남편은 제약

회사 영업사원이었다. 둘은 베이비시터 없이 서로의 일정을 조절해가며, 급할 때는 친정과 시댁을 오가며 아이를 보기로 했었다. 아이를 남의 손에 맡기고 싶지 않은 마음에 무모한 시도지만 일단은 해보기로 한 것이다. 하지만 6개월쯤 되자 비협조적인 남편 때문에 소은이는 매번 일정 조절을 해야 해서 PD 눈치도 보이고 아예 일을 그만둬야 하는 것이 아닌지 매일 고민이라 했다.

나라고 뾰족한 답이 있겠나. 나 역시 겨우겨우 버티며 지나왔고, 어떤 것이 더 나았을지 답은 못 찾았으니까.

내가 할 수 있는 위로의 말들을 전하고 서둘러 다시 자연인 촬영본을 보기 시작했다. 안 그래도 목감기로 어제 내내 일을 미룬 터라 오늘은 절반이라도 해서 PD에게 넘겨야 한다. 그런데 이상하게도 일이 급한 순간에는 꼭 세금 낼 일이 생각나고, 아이가 사달라고 한 양말을 안 산 것이 생각나고, 저녁 찬거리가 없는 것이 생각난다. 그 모든 유혹을 가까스로 뒤로 미뤘건만 또, 받지 않으면 안 되는 후배 작가의 전화가 걸려 왔다.

올해 중학교 1학년인 딸이 학교에서 심리 검사를 했는데 불안 문제로 상담이 필요하다며 전화했던 선주다. 선주는 늦둥이로 낳은 셋째가 아직 유치원생이라 할 수 없이 고정 프로그램을 그만두고 드문드문 아르바이트 정도로 일을 하는 중이었다.

"언니, 학교에서 상담한다고 애를 수업 시간에 데려갔대. 이게 말이 돼? 뭔가 문제 있는 애라는 거 다 소문내듯이, 너무 무개념 아냐?"

세 아이를 키우며 지칠 대로 지친 선주는 그 한 통의 전화에 그간의 버거움을 모두 담은 듯 쉽사리 화를 삭이지 못했다. 한참을 들어주고 난 뒤, 불편한 부분을 학교에 잘 이야기해보라 했고, 내가 아는 상담사를 연결해주겠노라 했다. 그제야 선주는 간신히 차분해졌다.

그렇게 그 전화를 채 끊기도 전에 이번엔 우리 팀 작가 은서에게서 또 전화가 왔다. 애들이 오늘 날을 잡았나? 하는 수 없이 오늘도 PD에게 목감기가 낫지 않았다는 거짓말을 해야 하나 생각하며 노트북을 덮고, 잠시 바람이나 쐬자는 마음으로 산책을 나서며 은서 전화를 받았다. 땅이 꺼질 듯 한숨을 쉬는 은서.

"언니, 하…."

"왜? 왜? 무슨 일이야? 촬영 펑크 났어? 출연자가 촬영 안 하겠대?"

"아니요, 민지 유치원이요…."

미안하게도 순간 아주 약간의 배신감이 들었다. '겨우 유치

원이야?'

은서는 여섯 살 딸아이의 사회성 때문에 아이 언어치료를 오랜 기간 해오고 있었다. 최근엔 유치원을 옮겨 걱정이 더 많았는데 아무리 지켜봐도 영 적응을 못하는 것 같아서 도무지 일이 손에 안 잡힌다고 했다.

사실 따지고 보면 그랬다. 우리에게 일이 힘든 것은, 언제나 그저 일 때문이 아니었다. 일에 집중할 수 없게 하는 수많은 문제가 일을 힘들게 했을 뿐이다. 잠깐의 배신감이 미안했다. 그냥 뒀다간 걱정에 짓눌려 땅으로 꺼질 것 같은 은서를 일으켜 세우기 위해 온갖 긍정적인 미래들을 제시하며 진심 어린 응원을 보냈다.

나 역시 세 후배의 시간을 모두 지나왔다. 아직도 선명하리만치 힘겹게. 그랬기에 이날 내가 후배들에게 보낸 응원은 결코 가볍지가 않았다.

~~~~

해 질 무렵이 되면 우리 아파트 주변은 시끌벅적해진다. 유치원 하원 버스를 기다리는 엄마들, 서둘러 학원에 보내기 위해 학교 가방과 학원 가방을 바꿔주고 간식을 들려 보내는 엄마들, 잘 차려입은 정장과 어울리지 않게 퇴근길에 종량제 봉

투 가득히 저녁 장을 봐오는 엄마들로 북적이기 때문이다.

그 모든 광경을 보고 있노라면 묘한 기분이 든다. 한 사람씩 스치는 그 엄마들 속에서 내 지난 모습이 파노라마처럼 재생되기 때문이다. 마치 아파트를 한 바퀴 도는 사이 순식간에 시간 여행을 하는 기분이랄까.

후배들처럼 나도 한때는 일과 육아를 병행하며 언제나 마음을 졸였고, 버티느라 안간힘을 썼으며, 자주 울었다. 필요할 때는 베이비시터가 있었고, 시어머니도 계셨고, 남편도 나를 도왔음에도 그 무게감이 덜어지진 않았다.

언젠가 이른 시간 회의 때문에 둘째 유치원 버스를 내가 태워줄 수 없던 날, 초등학교 1학년이었던 큰아이를 엄청난 보호자 삼아 아파트 정문, 유치원 버스가 오는 벤치에 앉혀놓았다. "버스가 올 때까지 꼼짝 말고 여기에 있어야 해. 버스가 오면 동생을 잘 태워야 해. 꼭 동생을 보내고 너는 학교에 가서 엄마한테 전화해야 해." 속사포로 랩을 쏟아내고 뛰어가 마을버스를 탄 적이 있다. 막 출발하려는 마을버스를 겨우 잡아타고 헐레벌떡 앉았는데 창밖 멀리서 정말 꼼짝도 하지 않고 앉은 두 녀석이 보였다. 유치원 버스가 오는 쪽을 뚫어져라 보고 있는 두 녀석을 스치는데 왜 그토록 눈물이 나던지.

어떤 PD는 내게 저녁 여섯 시만 되면 집중력이 흐려진다고 핀잔을 줬다. 베이비시터 퇴근 시간을 맞춰야 했기에 분주한 나를 두고 한 말이다. 나는 그날의 할 일을 마치기 위해 점심도 안 먹고 일할 때도 많았건만, 총각이었던 그는 느긋하게 밥 먹고 커피 마시고 수다 떨다 겨우 서너 시쯤 책상 앞에 앉은 주제에 말이다.

원고 마감이 임박해 히스테리가 극에 달할 때는 "엄마 일하니까 방문 열지 마"라며 엄포를 얼마나 놓았던지, 한참을 일하다 나와보니 초등학생이던 큰아이가 도시락 김 하나만 놓고 밥을 먹고 있던 날도 있었다. 엄마를 불러서 밥 달라고 하지 그랬냐고 당황하니 "엄마가 문 열지 말라고 해서요…"라고 말하던 아이의 얼굴은 지금도 생생하게 아프다.

아이들은 꼭 중요한 회의 중에 학원 버스를 놓쳤고, 하필 산에서 답사 중일 때 열이 났다. 간식 먹을 돈이 없다는 전화도 꼭 살벌한 본사 시사 중일 때 걸었다. 간만에 팀 회식을 할라치면 수시로 전화를 해대서 오랜만에 들뜬 기분조차 낼 수 없었다. 분명 일부러 그런 것이 아닐 텐데 타이밍이란 것은 언제나 그렇게 고약했다.

이렇게 나열하기 시작하면 워킹 맘이든 전업주부든 아이를 키우며 겪은 고생 이야기는 아마 끝도 없을 것이다. 너무나 처절해서 눈물 없이는 듣지 못할 일화들로 밤을 새울 수도 있을 만큼.

그래서 말이다. 그래서 하고 싶은 질문이 생겼다.

이 모든 일은 정말 우리가 엄마니까 감당할 수 있는 일이 맞느냐고. 모성은 위대하고, 엄마 체력은 괴력이고, 신이 모든 곳에 있을 수 없어 엄마를 보냈다는 말로 우리를 소위 '가스라이팅'하고 있는 것은 아니냐고.

겨우 서른 살 언저리 여자에게 감당 불가한 엄청난 일을 맡겨놓고는 '모성의 위대함'이라는 거룩한 타이틀 뒤에 숨어 하나같이 우리를 모른 척하고 있는 것은 아니냐고. 엄마들이 이 위대한 거짓말에 속고 있는 것은 아니냐고.

첫 아이를 낳고 산후조리를 할 무렵 친정 안방에 누운 큰아이를 보며 왈칵 울어버린 적이 있었다. 덩그러니 누워 있는 그 아이가 나만 믿고 세상에 나왔다는 것에 덜컥 겁이 나서였다. 두려움에 나도 모르게 터져버린 눈물이었다. 아이를 키우면서 그렇게 울고 싶은 날이 셀 수도 없을 만큼 많았다.

후배들의 전화를 연이어 받고는 그간의 내 의구심에 느닷없는 확신이 생겼다. 한 사람의 인생을 갈아 넣어야만 하는 일이란 있을 수가 없다고. 모성이라는 타이틀 하나 던져 주고 모두 은근슬쩍 비겁하게 발 빼지 말라고.

위대한 모성에 흠집 내는 돌멩이 하나, 던져버리고 싶어지는 그런 날이다.

3장
가장 소란한 말, 다정

1
아무것도 괜찮지 않았다

전혀 그럴 의도는 없었지만 마치 연기를 하는 것같이 사는 날들이 계속됐다. 집을 나설 때면, 끝없이 가라앉았던 목소리를 애써 한 톤 끌어올리고 무표정한 얼굴을 조금은 밝게 바꾼 뒤, 누군가가 건네오는 인사를 반가운 듯 받아야 했다. 그러지 않고 있는 그대로의 기분과 표정으로 상대를 대했다가는 왜 이렇게 힘이 없냐거나 왜 그렇게 지쳐 보이냐는 질문이 반드시 되돌아왔다.

그럴 때마다 "춤이라도 출까?" 하고 금세 분위기를 바꾸는 농담을 던지거나, 혹은 힘이 없는 이유를 급조해서 설명하기도 했지만 때로는 짜증이 나기도 했다. '어쩌라고? 힘이 없을 만큼 힘든가 보다 생각하면 될 것이지.'

솔직히 걱정해주는 마음조차 귀찮았다. 그도 그럴 것이, 그 질문을 받은 지 꽤 오래라 대꾸할 정성을 잃어가는 중이었다.

생각해보면 원래부터 내가 이렇게까지 우울한 성격은 아니었다. 학창 시절에도 비교적 활달했고, 학업 스트레스가 사라진 20대 때는 유머러스한 기질이 충분히 발휘되기도 했으며, 방송작가 일을 할 때도 사교적이고 유쾌한 편이라는 말을 자주 들었다.

봄에 한창 꽃이 필 때나 단풍이 질 때처럼 새로운 계절이 오고 가는 것에 늘 설렜고, 의미 있는 삶의 시간을 지날 때마다 '사는 게 문득문득 행복하구나'라며 한껏 감정이 솟구칠 때도 있었다. 특별할 것 없는 일상에서도 마음의 결이 맞는 사람들과 대화를 나누며 즐거워했고, 가끔은 흥에 겨워 파이팅이 넘치는 날을 살기도 했다. 늘 그런 것은 아니었지만 분명 그런 날들이 틈틈이 있었기에 힘겹고 고달픈 날들에도 생기를 잃지 않았다.

―‹‹‹‹

그랬던 내가 언제부터였을까?

서서히, 꾸준히 가라앉고 있는 듯했다. 마음이 허락하지 않는 한 가식적인 웃음조차 짓고 싶지 않았고, 기분이 처지는 날은 사람들과 눈을 마주치지 않으려 일부러 먼 하늘을 보며 걷기도 했다. 으레 안부를 묻는 것부터 시작해 관심 없는 온갖 정보를 교환해야 하는 모임은 나가기도 전부터 지쳤다. 관계조차 노동처럼 느껴졌다. 특별히 감정을 싣지 않아도 되는 회사 업무 이야기가 훨씬 편안했고, 때로는 택시 아저씨와의 날씨 이야기가 더 수월할 지경이었다.

그렇게 예전에는 잠깐의 환기였던 그 모든 순간을 의미 없는 일들로 치부하면서, 가장 씁쓸해지는 것은 정작 나였다. 왜 이렇게 힘이 없냐는 말에 발끈 화가 나는 것도 그런 속마음을 정확하게 들켰기 때문인지 모르겠다.

그래서 더 이유를 찾고 싶었다. 이제라도 아무렇게나 뒤섞인 날들 속으로 찬찬히 들어가 물먹은 솜같이 무거운 나를 일으켜 세워주고 싶었다.

가만히 생각해보면 아마도 시작은 정말 몸이 지친 것에서부터였을 것이다. 지치는 줄도 모르고 지칠 만큼 열심히 달리는 사이, 실은 옴짝달싹하지 못한 채 곪고 있었다. 살 부대끼며 뜨듯하게 살던 부모 형제의 울타리를 떠나 낯선 서울에서 직장을 다니고 결혼하고 아이를 낳고 또 일을 하고…. 치열한 방송가에서 살아남는 것도, 툭하면 밤을 새우는 것도, 답사에 실패하면 며칠씩 아이들 맡길 곳을 찾느라 애를 태우는 것도 혼자만 외로운 전쟁을 치르는 것 같아 늘 숨이 턱까지 찼다.

그렇게 겨우겨우 버거운 시절을 통과했으나 아이들의 사춘기는 결국 나를 녹다운시키고 말았다. 아이들과 마음을 나누는 것이 먼저였고 함께하는 시간을 늘리기 위해 바쁜 일과를 쪼갰고 아이들이 행복한 쪽을 선택했다고 자부했건만, 또 무엇보다 마음으로 사춘기를 잘 대비하고 있다고 생각했건만 결과는 내 노력을 비웃기라도 하듯 뒤통수를 쳤다.

마치 물이 새는 호스를 손으로 겨우 막고 있는 기분이었다. 언제든 터져 나올 것 같은 위태로운 상황. 아이들의 반항으로 집에서, 학교에서 크고 작은 일들이 터지면서 자주 그런 느낌에 빠졌다.

하루걸러 한 번씩 집에서 악을 쓰는 소리가 났고, 격렬한 다툼 뒤 몇 날 며칠을 투명 인간으로 지내기도 했다. 자식이 뒤돌아서 욕하는 소리를 들었으며 때로는 방문이 부서지기도 했다. 두 주먹을 불끈 쥐고 대드는 아이들을 볼 때면 배신감과 동시에 깊은 슬픔이 찾아들었다. 부모에게 큰 소리 한 번 내지 않았던 내게 아이들의 반항은 감당하기 힘들었고 그럴수록 부모로서 느끼는 참담함도 끝없이 밀려들었다. 끝을 모른 채 반복되는 상황에 나는 앙상한 가지처럼 말라 생기라고는 남아 있지 않았다.

키가 180센티 넘는 두 아이를 보며 지인들은 "이제 다 키웠네요", "아무 걱정 없겠어요"라는 말들을 쉽게 했다. 밖에서 보는 우리와 내가 마주하는 현실 속 우리의 간극은 점점 더 벌어졌지만 일일이 내 상황을 토로하는 것과 말하지 않는 것, 어느 쪽도 선택하지 못한 채 나는 언제나 엉거주춤했다.

한없이 사랑하던 아이들을 누구보다 미워하며 함께 있는 것조차 불편해 퇴근하고도 차 안에 앉아 '우리가 어쩌다 이렇게 됐을까?'라는 질문을 반복하는 사이, 나는 온전히 나로 사는 시간을 점점 잃어가는 것 같았다.

―‹‹‹‹‹

기억건대, 열심히 살지 않은 날이 거의 없었던 듯하다. 물론 그 열심 덕에 먹고사는 일에 허덕이지 않아도 됐고 경력도 단절되지 않았으며 나이에 걸맞게 성공한 듯 보였을지도 모른다. 하지만 이젠 끌어올릴 기운이 없어 연기하는 것처럼 살 수도 없을 것 같았고 그러고 싶지도 않았다. 〈나는 자연인이다〉원고에 '꾸역꾸역'이라는 단어를 자주 쓰기 시작했다.

내 심정을 투영한 이런 원고를 계속 써도 될까. 반복되는 자문은 이제 정말 더 이상의 '꾸역꾸역'조차 못하겠다는 결론을 내놨다. 이렇게 아무것도 괜찮지 않은데 괜찮은 척해야 할 이유는 뭐란 말인가?

  나는 '어쩌다 이렇게 됐을까?'라는 질문을 차라리 포기하기로 했다. 답을 찾을 수도 없는 질문에 갇혀 언제까지나 지쳐가는 내가 안쓰러웠고 그렇게 내 소중한 시간을 버려가고 있는 것이 안타까워서였다.

  결국 그 크고 오래된 돌덩이를 놓아버리기로 결심한 이후, 나는 오히려 조금은 홀가분해졌다. 풀리지 않는 문제 속에서 끙끙거리는 대신 답을 찾을 수 있는 쪽으로 방향을 바꿔보기로 했기 때문이다. 그 무렵부터 새로운 질문을 하기 시작했다.

  물먹은 솜 같은 나를 어떻게 일으킬 것인가?

2
다시 나를 만날 수 있다면

"엄마, 나 기타 학원 다닐래요."
"엄마, 나 파마하면 안 돼요?"
"콘택트렌즈 사야 해요."
"기숙사 말고 자취할래요."

내내 입 붙이고 있던 놈들이 겨우 입을 떼기만 하면 다 돈 달라는 소리다. 형편이 그리 어려운 것도 아니고, 터무니없는 요구를 하는 것도 아니지만 어쩐지 불편한 마음부터 올라온다. 허락해줄지 말지 타협의 적정선을 잘 판단해야 하는 것도 피곤하고, 거절했을 때 입 내밀고 투덜거릴 것을 생각하면 머리가 아파왔다.

"천천히 생각해보자."

"그래? 벌써 사야 해?"

책에서 배운 대로 작정하고 한 호흡 쉬고 대답을 해보지만 내심은 '공부는 지지리도 안 하면서 참 요구 사항도 많네. 말이나 잘 들어라, 이것들아' 하는 마음이 먼저다.

언젠가 기말고사를 끝내주게 망치고 온 둘째가 여름 티셔츠를 사달라길래 "너 시험 못 친 거에 대해서 내가 참고 아무 말도 안 하고 있는데 어떻게 양심도 없이 옷을 사달라고 할 수 있냐?"라며 속마음을 여과 없이 뱉어버렸다.

"엄마, 시험 못 친 건 위로받을 일이지, 혼날 일이 아니죠. 그리고 엄마가 자꾸 돈 아깝다고 해서 하는 말인데요, 원래 자식을 낳으면 이 정도 돈은 써야 해요."

당당하다 못해 뻔뻔스러운 대답에 기가 차 헛웃음이 나와버렸다. 그런데 한동안 그 뻔뻔함에 생각이 머물렀다. 이놈들의 뻔뻔함, 그 10분의 1만 가지고 있었어도 좋았을 나의 어떤 날들이 떠오르며.

대학교 4학년, 지방 방송작가 채용에서 떨어지고 서울에 가기로 했다. 아무래도 방송작가가 되려면 서울이 나을 것이고, 다행히 막내 고모가 서울에 살고 있었다.

홀로 상경하던 날, 지방에 살다 처음 타본 서울 지하철은 복잡하고 어렵고 무섭기까지 했다. 1호선엔 노숙자도 구걸하는 사람도 많았다. 인파에 떠밀리듯 승강장을 걸어 지하철을 타며 두리번거리지 않으려 애썼지만 커다란 캐리어를 놓칠세라 긴장한 표정이 역력한 나는 누가 봐도 촌뜨기였을 것이다.

그렇게 작은 연립에서 고모 식구들과 함께하는 서울 생활이 시작됐다. 3교대 근무를 했던 고모부는 낮에 자주 집에 계셨고 종종 고모의 이웃도 놀러 왔기에 나는 종일 나가 있었다. 아마 더부살이 눈치는 누가 주는 것이 아니라 스스로 받는 것이었지 싶다.

아침 일찍 1호선을 타고 종로에 있는 영어 학원을 갔다가 탑골공원이 내려다보이는 종로3가 역 버거킹에 앉아 종일 시간을 보내는 것이 내 일과였다. 지금의 '카공족'처럼 버거킹 창가에는 영어 공부를 하는 사람들이 꽤 있었다. 나 역시 혹여라도 작가가 되지 못한다면 토익 점수라도 있어야 취직을 할 수 있다는 생각이었고, 가장 저렴하면서도 정기적으로 갈 수 있는 곳이 영어 학원이었다. 이력서를 쓰고 전화를 기다리고, 또 영어 학원을 가고 햄버거를 먹으며 종일 버거킹에 앉아 있는 것. 종로 탑골공원 할아버지들과 별반 다를 바 없는 일과를 보낸 지 한 달쯤 됐을까?

케이블 TV 방송을 하는 외주 제작사에 취직이 됐다. 드디어 엄마에게 얼굴도 서고 내 돈으로 월세방이라도 한 칸 얻을 꿈에 부풀었다. 무엇보다 김영숙 이름 뒤에 작가가 붙은 것이 꿈만 같아 지하철에서 자리에 앉을 때면 '김영숙 작가'라고 적힌 파일을 일부러 무릎 위에 올려놓았다.

그랬던 첫 직장을, 채 두 달도 못 다녔다. 재정 상황이 어려워졌다며 작가들 월급을 미뤘고 메인 작가 언니들은 대표가 상습적이라며 고소를 한다고 내게도 도장을 가져오랬다. 23년 인생 처음 부당함과 싸우며 녹록지 않은 어른들의 세상을 맛봤다. 그날 신대방삼거리 역으로 터덜터덜 걸어가며 느낀 한여름의 숨 막히는 열기는 아직도 생생하게 뜨겁다. 지하철, 종로, 여의도, 카페…. 서울 사람들의 전유물처럼 여겨지던 선망의 단어들은 석 달도 되지 않아 서글프고 쓰라린 경험들로 퇴색됐다.

두 달 치 월급을 떼이며 들은 이야기로, 주요 지상파 방송 아카데미 같은 교육 기관이나 한국 방송작가 협회에서 구성 작가 과정을 들으면 나름대로 괜찮은 외주 제작사나 방송사로 취업할 수 있다고 했다. 방송사 이름이 붙은 아카데미는 당시에도 200만 원 가까운 돈을 내야 한다고 했고, 한국 방송작가 협회는 60만 원 정도라고 했다.

200만 원 가까운 돈은 도저히 집에 말을 꺼낼 엄두도 못 내겠고, 60만 원 정도는 엄마에게 말해볼까 싶었다. 취직이 보장만 된다면 그깟 60만 원을 안 해줄 엄마도 아니었고, 그만한 돈이 없는 집도 아니었다.

그런데도 그 말이 도무지 떨어지지 않았다. 그 무렵 엄마 계모임에서는 내 동창들이 하나둘 번듯한 회사에 취업하고 있을 때였다. 간간이 시험지 채점, 방송 프리뷰 아르바이트를 하긴 했지만 돈이 부족해 대학교 졸업을 하고도 엄마에게 용돈을 받고 있던 터라 아무리 생각해도 염치가 없었다. 60만 원이 아니라 6만 원을 받기도 미안했다. 혼자 서울에 보내놓고 매일 걱정스러운 전화를 하는 엄마에게 며칠째 '지낼 만하다'는 말만 할 뿐 결국 그 말은 꺼내지 못했다.

이러지도 저러지도 못한 그날도 버거킹에서 시간을 보내고 고모 집이 있는 석계 역으로 가는 길이었다. 지하철 문 앞 기둥에 기대어 멍하니 가고 있는데 갑자기 지하철 안에 불이 꺼지고, 사람들이 다 내리는 것이 아닌가? 둘러보니 나만 당황할 뿐 누구도 놀라지 않았다. 영문도 모른 채 떠밀려 내린 나는 가장 친절해 보이는 아주머니에게 용기 내 물었다. "왜 지하철이 안 가나요?"

내 물음에 친절은커녕 황당하다는 표정으로 "청량리잖아

요!"라고 차갑게 쏘아붙이고는 쌩하니 가버리는 아주머니. 청량리랑 지하철이 안 가는 것이랑 무슨 상관인가. 당황해 한참을 두리번거리고서야 나는 청량리행 열차가 청량리까지만 간다는 사실을 알았다.

 내가 어찌 알았겠나? 청량리 쪽으로 간다는 뜻인 줄만 알았지.

 무안함을 들킬세라 처음부터 알고 있었다는 듯 아무렇지 않게 다음 열차를 타고, 자리까지 한 칸 차지했다. 그때였다. 갑자기 눈물이 흐르기 시작하더니, 내가 주체할 수 없이 흐느끼고 있는 것이 아닌가. '이게 무슨 창피야' 싶으면서도 눈물은 멈추지를 않았고 아무리 삼키려 해도 엉엉 소리까지 새 나가고 있었다. 옆에 앉은 여자가 놀라 나를 쳐다봤다. 나보다 더 놀랐을까? 아무리 소리를 죽이려 애써도 말을 듣지 않았다. 도무지 막을 수가 없는 눈물이 쉴 새 없이 흘렀다. 하는 수 없이 그대로 거의 석계 역까지 간 듯하다. 아마 사람들은 부모님이라도 돌아가셨나 생각했겠지.

 그토록 뜨겁게, 토해내듯 울고 난 뒤에도 결국 나는 60만 원짜리 동아줄을 잡지는 않았다. 그 동아줄이 없어서였는지 아닌지는 모르겠지만 방송작가로 자리를 잡기까지 꽤 고단하고 사나운 날들을 견뎌야 했다.

 살면서 종종 그날의 내가 생각났다. 지하철 한 귀퉁이에 앉아 펑펑 울고 있었던 스물셋의 내가.

꾹꾹 눌러 참은 더부살이의 서러움이었을까? 타지에 홀로 내던져진 막막함 때문이었을까? 아니면 갑자기 짊어진 어른의 무게가 버거웠던 것일까? 그 눈물의 의미는 여전히 뿌옇기만 하다. 하지만 그때의 내 모습은 그림을 그릴 수 있을 만큼 선명하고, 잔상은 20년이 넘은 지금까지도 남아 있다.

※

《어떻게 진짜 어른이 되는가》(데이비드 리코, 자음과모음)라는 책에 보면 우리가 어린 시절 경험했어야 하는 것 중 하나가 바로 풍족함을 누리는 것이 당연하다는 듯 행동하는 것이라는 내용이 나온다. 이 욕구가 충족돼야 건강하게 자기표현을 할 줄 아는 어른이 된다는 것이다. 만약 그렇지 못했다면 지금이라도 '셀프 양육'이 필요하다는 것이 저자의 주장이다.

책을 읽으며, 내가 당연하게 누려온 뭔가에 대해 곰곰 생각해봤다. 기억이라는 것이 선택적으로 남아 있기도, 왜곡되기도 하겠지만 어쨌든 내가 당연하다는 태도로 뭔가를 누린 기억이 특별히 나지를 않았다. 뭔가를 충분히 누리기도 했겠으나, 어쨌든 내 태도의 모양새는 그렇지 않았다.

그 후로 나는 종종 지난날의 결핍을 '올인'이라도 하듯 돈이

나 시간 같은 뭔가를 과용할 때 이 책의 내용을 슬쩍 내 합리화의 도구로 쓰고 있다. 이 정도 풍족함은 누리는 것이 당연하다고 생각하며. 책의 내용과 내 행동이 일치하는지는 따져보지도 않은 채 내 임의대로 해석하고 있는 셈이지만 어쨌든 그 쾌감만큼은 나쁘지가 않다.

가끔 과거 어느 때로 돌아가 자신의 운명을 바꾸거나 하고 싶은 말을 전해주는 드라마를 볼 때면 어김없이 그날이 떠오른다. 그리고 상상해본다. 200만 원쯤 들고 종로3가 역 버거킹으로 찾아가 그때의 내게 돈을 건네며 아무 걱정하지 말고 배우고 싶은 곳에 등록하라고 하는 상상을. 종로 버거킹에서 바라본 것보다 더 넓은 서울의 이곳저곳을 경험해보라고. 지금은 '풍족함을 누리는 것이 당연한 때'라고.

3
마흔이 내 스물에게

동대구 역에 도착했음을 알리는 안내 방송과 함께 플랫폼의 풍경이 아주 천천히 모습을 드러내기 시작하면, 심장은 마치 "이 위치에 제가 있어요"라고 말하듯 이리저리 뛰기 시작한다. 그러다 급기야 심장이 저리는 순간, 20여 년 전 대구의 달큰한 바람 냄새가 콧속으로 들어온다.

쏟아져 나오는 인파에 뒤섞여 대합실을 빠져나오면 택시를 타려는 사람들과 공중전화 부스로 향하는 사람들이 뒤엉켜 있었다. 그 속에서 나는, 사귄 지 얼마 되지 않은 풋내 나는 대학생 남자 친구를 금세 찾아냈다. 그 아이는 내가 주말에 부모님 집을 다녀올 때면 늘 동대구 역으로 마중 나왔다. 거기서 학교까지 둘이 버스를 타고 가던 길도, 마냥 걷던 길도 더없이 들

뜨고 좋았다. 고등학교 때까지 공부에 치여 살며 신나는 것도 좋은 것도 없었던 내게는 집을 떠나 대구에서 대학교에 다니기 시작한 그 시절의 모든 것이 설렘 그 자체였고, 처음 만나는 세상이었다.

나는 어려서부터 감정 표현에 적극적인 편이 아니었다. 기질상 겁이 많았던 탓에 순응적인 아이였고 사춘기 반항은커녕 까칠한 표정 한 번 못 짓는 딸이었다. 학교, 집, 독서실만 다니며 공부를 했으니 부모님에게는 더없는 효녀였다.

그런 내가 무슨 용기가 나서 1학년 첫 과 미팅에서 '감히' 남자를 사귀며, 대학교 생활의 낭만을 그리도 빨리 누렸는지 내가 나한테 놀랄 지경이었다. 첫 키스를 하고는 어이없는 죄책감에 1주일간 엄마에게 안부 전화를 못 걸기도 했지만, 사랑하고 싶고 사랑받고 싶은 내 감정을 적극적으로 표현하는 데 주저하지 않던 시절이었다.

열아홉 평생 처음 내가 한 일탈은 그것에서 끝나지 않았다. 학교, 집밖에 몰랐던 내가 툭하면 밤 기차를 타고 부산이고 포항이고 밤바다를 보러 가지를 않나, 새벽까지 인생을 논한답시고 캠퍼스 잔디에서 밤을 새우지를 않나. 시간과 장소, 여건에 구애받지 않고 그저 내게 주어진 자유를 주체할 수 없는 아이처럼 내 감정에 충실하게 살았다. 게다가 대학교 방송국에서 온 캠퍼스에 울릴 글을 쓰는 일 역시 말할 수 없이 벅차고 짜릿했다.

입시에 대한 중압감도, 걱정 어린 엄마와 선생님의 잔소리도, 무릎 위 치마 길이 따위의 규율도 없었던 스무 살의 나는 난생 처음으로 오롯이 '김영숙'으로 살아가는 듯한 느낌에 매일이 작은 축제 같았다.

아스팔트 위에 날달걀을 깨서 익는지 안 익는지 장난스러운 실험을 할 만큼 숨 막히게 뜨거웠던 대구의 열기. 딱 그만큼 내 20대는 뜨거웠고, 촌스러웠던 연애도 진실했다. 남자 친구를 군대에 보내고 제대 날까지 기다리며 결혼을 믿어 의심치 않았을 만큼 철없던 우리는 내가 서울에 취업하면서 서울과 대구의 거리만큼 멀어졌고 나는 다른 사람과 결혼했다.

그사이 KTX가 생겼고 나는 친정에 가기 위해 동대구 역을 지나야 했다. 그런데 동대구 역에 잠시 정차할 때마다 그 짧은 시간, 나는 당황스럽게도 동대구 역의 플랫폼조차 쳐다볼 수가 없어 반사적으로 고개를 돌려버리는 것이 아닌가. 거기다 거짓말처럼 가슴이 아려오는 바람에 주먹 쥔 손으로 가슴을 토닥거리지 않으면 안 될 정도였다.

5년 가까이 연애를 하긴 했지만 그렇게까지 절절한 사랑이었나? 이토록 가슴이 저릴 일인가? 머리로는 전혀 이해가 안

됐지만 감정은 너무도 솔직해 태연한 척하기가 여간 어려운 것이 아니었다. 그렇게 1년, 2년, 다행히 해가 갈수록 그 감정들은 점점 옅어졌고 익숙해졌다.

하지만 말 그대로 익숙해졌을 뿐, 완전히 사라진 것은 아니었다. 어떤 때는 처음에 그랬듯 동대구 역을 지나는 내내 가슴이 아프기도 했고, 심지어 설명할 수 없는 절절함까지 더해져 의아한 적이 한두 번이 아니었다. 꼭 그곳에 뭔가를 두고 온 사람처럼.

그렇게 오랫동안 정체를 알 수 없는 마음 때문에 고뇌하던 나는 어느 날 동대구 역을 지나며 마침내 그 마음에 대해 알게 됐다.

‧‧‧‧

나는, 스무 살의 내가 그리웠던 것이었다. 연애가 아니라 그 시절의 내가.

그저 나 하나만 건사하면 되던 시절을 지나 엄마, 작가, 며느리 등 수많은 이름표를 달고 순간순간의 번아웃에도 애써 나를 일으키고, 삶의 숱한 문제에 휘청거릴 때조차 그저 괜찮은 척해야 한다는 듯 나를 달래며, 나는 내 감정의 주인이자 내 시간의 주인으로 살지 못하고 있었다. 도처에 널린 '갑'들에게 맞추느라 혹은 내가 만들어놓은 나에게 맞추느라 진정한 나로 살 여유가 없어진 지 이미 오래였다.

 나는 처음으로 내 인생의 방향키를 잡고 너무 신이 나 이곳저곳을 다니며 한껏 부풀었던 '청춘의 나 자신'이 보고 싶었던 것이었다. 너무나 생생하지만 이제는 결코 닿을 수 없는 날들. 동대구 역을 지나는 그 짧은 시간, 그곳에 두고 온 스무 살의 김영숙을 만나고 싶었던 것이었다.

 모호했던 감정의 정체를 알았다는 후련함과 동시에 짙은 쓸쓸함이 밀려들었다. 그 사이를 정신없이 헤매는 사이, 어느새 기차가 서울 역에 도착하고 저 멀리 선 남편이 보였다. 방금 전까지 저릿저릿 그리워하던 내 청춘을 회차하는 기차에 두고 이제 내려야 한다. 마치 다시 다른 차원의 문으로 들어서기라도 하듯이.

4
외로움의 이유는 정말 거기에 있었을까

 오롯이 내 안의 소리를 들으려면 일단은 나를 가만히 두는 게 좋겠다 싶었다. 공허한 소란에 묻히지 않고 이리저리 떠밀리지 않도록 잠잠하게. 그렇게 하면 어떤 종류가 됐든 내 안에서 뭔가가 서서히 차오를 것 같았다.

 그동안 혼자만의 시간이 간절히 필요한 때가 여러 번 있었음에도 불구하고 선뜻 그런 시간을 만들기란 쉽지 않았다. 완벽하게 혼자 있는 시간을 갖는다는 것은 여건상으로도 불가능했고, 늘 관계 안에서 삶의 문제와 감정을 나누는 것에 익숙해 있었으니까.

 그런 점에서 코로나19라는 재앙은 미안하게도 내게는 매우 좋은 기회였다. 코로나19로 인한 관계의 단절이 처음에는 당혹스럽기도 했고 불안하기도 했지만 얼마 지나지 않아 강제적인 고립이 오히려 편안하게 느껴졌다.

학교 수업도, 회의도, 송년회 모임조차도 온라인으로 만나는 것이 마치 처음부터 그래왔던 듯 자연스러워졌다. 그렇게 환경이 바뀌는 사이, 곳곳에서 다양한 온라인 모임들이 발 빠르게 생겨나기 시작했다. 온라인 모임은 시간과 장소의 제약이 없다는 장점 덕에 오히려 새로운 시도를 부담 없이 해볼 수 있어 더 좋았다.

그중에서도 화장도 하지 않고, 심지어 바지는 잠옷으로, 집을 나서는 수고도 하지 않고, 적은 비용으로 관심 있는 책에 대해 편안하게 이야기하는 독서 모임은 상당히 매력적이었다. '모르는 사람들과 어색하지는 않을까'라는 것은 기우였고, 국내든 해외든 나이와 직업을 막론하고 접속한 이들과의 만남이 진귀했다. 예상할 수 없는 인연들과의 모임이 깊은 연결을 만들기도 했다.

모임에 참여하는 이들은 하나같이 진지하고 진솔하게 생각을 나눴으며 낯선 공간임에도 불구하고 각자 삶의 어려움을 나누는 것을 꺼리지 않는 듯 보였다. 나 역시도 출근 전, 퇴근 후처럼 마음이 쫓기거나 피곤함에 지친 시간에 참여해야 했음에도, 오히려 모임에서 차분히 생각이 정돈되기도 했고 분주한 일상의 허기가 채워지기도 했다. 몸은 지쳤지만 어느 때보다도 마음이 충족되는 기분이었다.

나를 돌본다는 건 이런 것일까? 건조하고 무표정한 내게서 드문드문 속 시원한 숨이 하아 하고 기분 좋게 뱉어져 나왔다.

―‹‹‹‹

얼마든지 온라인 모임에 참여하는 것이 가능하고 익숙해질 때쯤, 한 대학교의 상담학 교수가 운영하는 집단 상담을 추천받았다. 신뢰할 만한 이의 추천이기도 했고 나에 대해 알아보는 시간이라고 하니 더욱 마다할 이유가 없었다.

별다른 사전 정보 없이 일단 참여부터 하고 보니 그 모임은 자신이 성장해온 가족부터 시작해 결혼 후 새롭게 만든 가족과의 관계를 전체적으로 살펴보면서 내가 가족 안에서 어떻게 살아왔는가를 알아보는 것이 목적이라 했다.

나의 내밀한 이야기를, 그것도 잘 알지도 못하는 이들에게 가감 없이 꺼내 놓아야 한다는 것, 그것도 나뿐만 아니라 내 형제, 부모, 그들의 부모 세대 이야기까지 해야 한다는 사실에 처음에는 다소 망설여졌다. 더욱이 가족의 특성을 한눈에 보기 위한 가계도까지 그리려면 자세히 알지도 못하는 위 세대의 출생, 직업, 간략한 환경까지도 최대한 알아내야 해서 여간

번거로운 것이 아니었다.

그럼에도 '연결과 뿌리'라는 작업이 다소 흥미롭게 느껴졌고, 이미 비용도 지불한 뒤였다. 결국 부모님에게 이것저것 물어가며 며칠에 걸쳐 가계도를 완성했다. 그리고 그 가계도를 마치 명의의 진단을 기다리는 심정으로 제출하고, 내 차례를 기다렸다.

"선생님 아이들은 심리적으로 건강하네요. 오히려 조금은 답답했을 거예요. 엄마가 이렇게 불안 덩어리니까. 불안 덩어리였던 영숙 선생님의 엄마가, 더 커진 불안 덩어리인 영숙 선생님을 낳았고, 선생님은 건강한 아이들을 익숙한 불안의 방식으로 가둬놓고 키웠으니 피차 너무 힘들었을 거 같은데요."

교수님의 이야기는 생전 들어보지도 못한 해석이었다. 나의 엄마까지 들먹이며 꺼내놓은 '불안 전수'라는 말.

도대체 나에 대해 뭘 얼마나 들었다고 이런 말을 할까? 아무리 교수라지만 남의 인생을 저렇게 함부로 속단해도 되는 것인가?

온라인 화면에 있는 사람들 시선이 의식돼서 당황스럽기도 했고 내용을 듣고 있자니 더 혼란스러웠다. 불쑥불쑥 교수라는 분이 매우 오만하게 느껴지기도 했다. 그런 나의 반응에는 아랑곳하지 않고 교수님은 계속해서 어떤 부분에서는 내 삶에 대해 따듯한 공감과 이해를 보내기도 했고 또 어떤 부분에 대해선 날 선 칼처럼 직선적으로 말하기도 했다.

'불안 덩어리였다고…? 무슨 의미일까? 그게 진짜 내 인생에 어떤 영향을 준 걸까?'

당황스럽고 혼란스러운 와중에도 한편으로는 내심 귀여겨 듣고 싶은 마음이 강하게 들었다. 어쩌면 살면서 별로 하고 싶지 않았던 나의 오랜 이야기 속에 수많은 고민의 실마리가 있는 것은 아닐까. '하고 싶지 않은 나의 이야기'가 어쩌면 내게 할 말이 있는 것은 아니었을까.

뜻밖의 방향으로 모든 신경이 모였다.

5
하고 싶지 않은 이야기

경상남도 진해에 가면 일제시대에 지어진 근대 가옥이 지금도 남아 있다. 층고가 낮은 목조 단층 건물들이 가지런히 정돈된 골목. 그 길 중앙에 'ㅍ의원'이 있다. 흐드러지게 벚꽃이 피지 않는 이상 스산함마저 감도는 길이니 40여 년 전 겨울도 그랬으리라.

상당히 큰 키에 깡마른 얼굴, 긴장한 표정이 역력한 새댁이 갓난아기를 안았고 그 옆으로 친구인 듯한 이가 기저귀 가방을 든 채 다급히 진료실에 들어섰다.

"이 아인⋯ 맞는 거 같네요." 말을 다 듣기도 전 볼품없이 마른 새댁은 꼬꾸라져 정신을 잃었다.

수십 번도 넘게 상상해본 장면, 분명 그곳에 있었으나 내가 기억할 수 없는 순간이다.

~~~~

고관절 탈구. 쉽게 말해 넓적다리의 머리가 골반골의 홈에서 빠져나와 어긋난 병이다. 남아보다 여아에게 많으며 생후 6개월 이내 조기 진단 시 거의 완치가 가능하다고 알려져 있다. 엄마는 내 엉덩이 뒤 주름의 수와 발을 뻗는 힘의 미세한 차이만으로 의사보다 빨리 내 병을 찾아냈다. 하지만 경이로운 조기 진단이 무색하게도 내 다리는 이론과 달리 쉽게 완치되지 않았다.

이에 대해 할머니는 꼼짝할 수 없는 나름의 근거, '팔자소관'이라는 말로 내 운명을 설명하려 했다. 하지만 몇 년 뒤, 할머니의 저주에 가까운 타박에도 결국 내 부모님은 대학 병원의 유명한 의사를 찾아 집 한 채 값을 쓴 끝에 마침내 나를 완치에 가깝게 고쳐냈다.

초등학생이 될 때까지 누구도 내게 내 병에 대해 설명해주지 않았다. 나 역시 귀동냥으로 듣고 알았을 뿐 직접 묻지는 않았다. 어른들의 비장하고도 견고한 방패에 그저 조용히 있어야만 할 것 같아서였다.

할머니는 가혹한 말을 뱉은 것과는 달리 실제로는 수술비를 대기도 했고, 내 팔자를 바꾼다며 점쟁이를 찾아가 손녀에게 좋은 이름을 묻기도 했다. 또 손가락이 하나 없던 여자가 손을 잘 감추고 살아서 남편이 끝까지 몰랐다는 어느 친척의 이야기를 어린 내게 반복해 들려주면서 자신의 방법대로 나를 지켜내고 있었다.

엄마는 내가 새 학년이 될 때마다 담임 선생님과 체육 선생님에게 돈이 들어 있을 것 같은 흰 봉투를 건넸다. 담임 선생님은 소풍을 갈 때 가끔 나를 업어줬고, 체육 선생님은 체육 시간마다 큰 아름드리나무 아래에 나를 앉아 있게 했다.

군항제가 열리는 도시에서 자란 나는 중학교 때부터 키가 컸던 덕에 군항제 개막식을 장식하는 여중생 고적대 퍼레이드 대원으로 뽑히기도 했다. 빨간 모자와 하얀 무릎 양말, 미니스커트의 제복이 얼마나 근사해 보였던지. 하지만 내가 우쭐함을 채 느끼기도 전에 담임 선생님은 나를 안전하게 지키겠다는 듯 서둘러 그곳에서 나를 빼내 왔다.

그렇게 나는 성장했다. 다리가 아프니까 공부를 더 잘해야 한다고 마음에 새기며 중고등학교 때 수술을 한 번씩 더 하는 중에도 상위권을 놓치지 않았고 전교 1등 성적표로 엄마를 안심시키기도 했다. 컴퍼스가 그려놓은 원 안에서만 안전하게 궤적을 만드는 아이처럼 걱정을 끼치지 않았고 내 마음도 함부로 내놓지 않았다.

20대 청춘 시절에는 '나한테 이런 면도 있었나?' 싶은 시절을 보내기도 했다. 나서기를 즐겼고 다양한 모임에도 꽤 적극적이었다. 하지만 나는 두드러지다가도 내 다리로 주목이 끌린다 싶으면 어김없이 움츠러들었다. 마치 손이 닿기만 하면 숨어버리는 말미잘처럼.

그런 채로 나는 작가 지망생이 되어 여의도 방송가에 들어섰다. 어딘들 치열하지 않은 곳이 있으랴만 개편 때마다 생기고 사라지는 프로그램들 속에서 아이템 전쟁에, 시청률 압박에, 늘 평가의 대상이 돼야 하는 이곳에서 무려 20여 년 넘는 시간을 지나왔다.

퇴근길 밥 한 끼 얻어먹고 싶은 엄마도, 눈곱도 안 떼고 목욕탕 가자고 찾아갈 언니도 남쪽 끝에 두고 늘 마음의 허기를 참아가며 서울 땅에서 홀로 아이를 업고 섭외하고, 안고 원고를 써가며 분투를 감내했다. 그 긴 세월 잠수 한 번 탄 적 없이 성실하게 살았다.

─⋘

그러는 사이, 내 다리는 수명을 다해가고 있었다. 어릴 때부터 해온 수술의 후유증으로 결국 인공 관절을 해야 할 시기가 온 것이다. 두 아이를 친정, 시댁에 각각 맡기고 다시 차가운 수술대에 누웠다. 어릴 때도 어른이 돼서도 여전히 두렵고 싸늘한 그곳에. 미국에서 가장 최신 의학 기술로 만들어졌다는 고가의 인공 관절이 TV에 나온 명의의 손을 통해 내 몸에 자리를 잡았다. 이제 내 다리는 완벽해졌다. 아니 완벽하게 '숨길 수' 있게 됐고 나는 사람들의 시선을 거의 의식하지 않게 됐다.

그렇다고 모든 것이 온전해진 것은 아니었다. 오히려 평화로운 호수 아래 남모를 진흙탕은 한층 더 두터워졌는지도 모른다. 씁쓸한 마음이 보태진 수술 자국이 하나 더 생겼고, 인공 관절의 수명 연장을 위해 나는 뛰어서도, 무거운 물건을 들어서도, 쪼그려 앉아서도 안 됐다. 가끔 인공 관절에서 이상한 소리마저 나는 바람에 조용한 사무실에서는 신경이 곤두섰고, 자주 진통제도 먹어야 했다.

인공 관절의 수명을 생각한다면 몇 살에 재수술을 하게 될까? 그렇다면 수술을 최소화하기 위해 나는 몇 살까지만 사는 것이 나을까?

예측할 수도 없는 황당한 계산을 하는 일이 습관이 되기 시작했다. 괜찮아진 겉모습과 달리 전혀 괜찮아지지 않은 마음, 그 간극이 커지니 마음은 자주 무거워졌고 말하지 못하는 이야기가 쌓일수록 고독의 깊이는 더해졌다. 숨길수록 마음이 무거워지는 이야기. 아무렇지 않다가도 순식간에 나를 바닥으로 곤두박질치게 만드는 이야기. 그래서 나는 이 이야기가 하고 싶지 않았다.

6
심리적 장애라고요?

"영숙 씨는, 심리적 장애에 갇혀 있는 거 같아요."

순간 정적이 흘렀다. 화상 채팅으로 얼굴을 마주하고 있던 10여 명의 참석자들은 놀란 눈으로 일제히 내 표정을 살폈다. 나 역시 이 생소한 단어의 조합에 잠시 멈칫했지만, 정작 나는 이상하게도 충격을 받지는 않았다.

"교수님, 이제 아주 말씀을 막 하시네요?" 무거운 공기를 바꾸려 농담조로 가볍게 말을 꺼냈다.

교수님은 참여자들의 놀란 눈이 신경 쓰였는지 조금은 당황한 듯 연유를 설명했다. 몇 번의 온라인 모임을 하면서 내가 이제는 이 이야기를 소화할 만한 맷집이 생겼다고 판단해 작정하고 말을 꺼낸 것이라 했다. 내가 내 마음 상태를 제대로

볼 수 있도록 도와주기 위해서.

────

나는 나를 어떻게 보는가? 남들은 나를 어떻게 보는가?

내 불안의 정체는 어려서부터 내 다리가 아프다는 생각과 사람들이 그 사실을 모르면 좋겠다는 생각이 반복돼온 데 있다 했다. 그로 인해 자주 긴장하고 공허하고 고독한 것이라고. 그런 감정에 매우 익숙해왔기에 설령 그것이 부정적이라 할지라도 쉽게 떨쳐지지 않는 것이라 했다. 그렇기에 다리가 나아진 지금은 전혀 그럴 필요가 없음에도 예전 감정의 울타리 안에 갇혀 있으며, 내 번아웃의 상태도 이와 무관하지 않으리라는 것이었다.

'그랬구나. 내가 그런 상태였구나⋯.'

설명을 들은 그날 이후 나는 자주 금시초문의 내 상태에 대해 곰곰이 생각하게 됐다. 그러는 사이, 그 폭력적인 단어는 서서히 내 생각의 견고한 담에 틈을 만들기 시작했다. 물론 수십 년간 익숙해 있던 생각과 감정을 단숨에 바꿔놓지는 않았지만 균열이 시작된 것은 분명했다. 지금까지와는 다르게 생각할 수도, 다르게 살아볼 수도 있겠다는 용기 비슷한 뭔가가 조금씩 그 틈을 비집고 들어오는 느낌이 들었기 때문이다.

⊱⋅⋅⋅⋅

그런데 그 말을 온전히 받아들인다는 것은 단순한 환기를 넘어서서 한층 더 높은 차원까지 생각이 바뀌어야 한다는 뜻이었다. 어떤 형태의 결핍을 안고 태어났든 자라면서 결핍을 안게 됐든 간에 누구든지 조건으로 자신의 가치를 판단해서는 안 되며 어른이 된 나는 그리고 우리는 이제 스스로가 존재 자체로 충분히 가치가 있다는 것을 깨닫고 자신을 대해야 한다는 것이었다.

머리로 이미 아는 말이고 자주 듣는 말이었다. 하지만 이런 말을 들을 때마다 드는 생각은 하나였다. '참으로 이상적인 말이지만 그만큼 실현 불가능한 말이 또 있을까?'

사실 누워서 똥 싸고 젖 먹던 시절에야 가능한 이야기일 뿐, 그 시기를 지남과 동시에 우리는 엎드리고 기는 것부터 끝도 없는 비교 속에 살게 되는 것이 현실이다. 물론 정도의 차이는 있겠지만 존재 가치는 늘 조건적으로 평가되고, 어른이 될수록 우리 모두 존재의 쓸모를 증명하는 일에 매진하며 살아가고 있는지도 모른다. 그렇기에 존재 자체로 나를 가치 있게 여긴다는 말은 마치 닿을 수 없는 신기루처럼 느껴졌다.

하지만 그럼에도 불구하고, 만약 그렇게 하는 것이 정말 나의 공허함과 외로움에 대한 답이 될 수 있다면, 그래서 반복되는 심리적 굴레에서 벗어날 수 있다면 이제 못할 것도 없지 않을까 싶었다. 어차피 어떤 해결책도 찾지 못한 채 점점 가라앉고 있는 것이라면 그 말을 믿어보고 싶어졌다.

7
혼자 다정해볼까

"존재 그대로의 나를 가치 있게 여기기." 이 모호하고도 불가능해 보이는 문장이 말하는 대로 일단 살아보기로 결심했다.

이것은 내게 붙어 있는 모든 이름표를 떼고 스스로를 대한다는 뜻일까? 내 바람, 소소한 요구까지도 모두 들어준다는 뜻일까? 스스로를 평가하는 목소리를 내지 않는다는 뜻일까?

솔직히 막연했으나 지침이 없는 쪽이 오히려 시작해보기엔 좋았다. 아주 사소한 것부터 내키는 대로, 가령 마트에서 장을 볼 때, 외식 메뉴를 정할 때, 가고 싶은 장소를 고민할 때 나를 먼저 생각하는 것부터였다. 아이들, 남편, 친구 혹은 다른 누군가보다 '나는 뭘 좋아하지?' '나는 어디 가고 싶지?'라고 생각하는 것부터.

존재 그대로의 가치라는 묵직한 화두에 비해 시작은 민망할 만큼 소소하다 싶었다. 그럼에도 그 깨알 같은 다정을 한동안 차곡차곡 쌓다 보니 '겨우'는 아닌 듯했다. 나를 먼저 생각하고 나를 대접하는 그 작은 배려조차 그동안은 없었던 다정이라 그런지 별것 아니지만 괜시리 기분이 좋아졌다.

차차 그 맛을 알고 나니, 느닷없이 규모가 과하게 커지는 때도 있었다. 꼭 하고 싶었던 것들, 오래된 소망들이 갑자기 올라올 때면 당연히 억눌렀던 예전과 달리 풀쑥 저지르기도 했다. 보고 싶었던 뮤지컬의 가장 비싼 좌석을 예매한다든가, 엄두조차 안 내던 명품 옷을 과감하게 사본다든가, 언젠가는 꼭 가봐야지 했던 나라의 여행 패키지를 마치 물건 하나 사듯 덜컥 결제해버리는 등 때로는 간 큰 다정도 있었다.

하지만 소비의 크기가 중요한 것은 아니었다. 내가 뭘 원하고 있는가에 최대한 귀를 기울이고 있다는 행위 자체가 주는 기쁨이 더 컸다. '너 하고 싶은 것 다 해' 같은 마음가짐 하나만으로도 든든한 뒷배를 얻은 듯했다. 그래 봐야 내가 원하는 것들은 대체로 소박하기 이를 데가 없었지만.

그다음으로, 떠밀려서 하는 일 말고 '나를 혼자 조용히 뒀을 때 진짜 내가 하고 싶은 일은 뭘까?'라는 질문에 답을 찾아보기로 했다.

자연인 답사를 갈 때면 언제나 듣게 되는 답이 하나 있다. 정말 대수롭지 않다고 생각되는 것임에도 누구 하나 빼놓지 않고 내놓았다. 산에 혼자 살아 좋은 이유가 "하고 싶은 일을 원 없이, 맘대로 할 수 있으니까"라는 답이었다.

상품 가치가 있든 없든 종일 나무를 이리저리 깎아 작품이랍시고 만들어보는 일부터 남들에게 보일 실력이 아니라며 촬영을 말리면서도 기어이 신이나 그림을 그리는 일, 나물 뜯는 것이 그렇게 좋다며 봄철 내내 산을 다니며 혼자 다 먹지도 못할 양을 뜯는 일, 몇 미터씩이나 되는 길을 따라 하염없이 돌탑을 쌓는 일까지. 분명 노동이건만 전혀 노동처럼 하지 않는 일들이었다.

그렇게까지 좋은 일이 내게는 뭐였을까? 나는 뭘 만질 때 좋았고, 뭘 볼 때 좋았을까? 자연인을 인터뷰하듯 나도 내게 다그치지 않고 물어봐 줬다.

그러고는 한참 뒤, 동네에 널찍하고 덜 붐비는 화원을 하나 찾아냈다. 연두색 물광을 뽐내며 새잎을 내는 초록이에 나답지 않은 감탄사를 연발하고, 손바닥만 한 베란다 정원을 이리 바꾸고 저리 바꾸며 사진을 찍어대는 내가 생각났기 때문이다. 나는 쉼 없이 화분을 사다 날랐다. 대형 화분부터 작은 행잉 화분까지, 내내 꽃을 피우는 식물부터 선인장까지, 그것들로 집을 꾸미는 일에 흠뻑 빠졌다. 흥정을 하기는커녕 가격조차 묻지 않고 화분을 들인 뒤, 새로 사 온 초록이를 옮겨 심느라 끼니를 놓치고도 배가 불렀다. 가성비라고는 안 나오는 그 노동을 하면서 오랜만에 그리고 점점 더 신이 났다.

그렇게 하나씩 찾아나갔다. 내가 뭘 할 때 행복한지. 나는 어떤 사람이었는지.

'그래, 맞아. 나는 조용히 부서지는 파도 보는 걸 좋아했지. 복잡한 마음을 그렇게 흘려보내고 나면 훨씬 가벼웠어.'

바닷가가 고향인 내가 '바다 멍'을 그렇게 좋아했음을 잊고 살았던 것이 생각난 때에는 한동안 거리도 따지지 않고 바다를 보러 다녔다. 마치 도장 깨기라도 하듯 틈만 나면 하염없이 바다를 보러 가면서도 피곤한 줄 몰랐다.

어떤 계산도 하지 않고 내가 좋아하는 일을 한다는 것은 대접받는 기분을 느끼게 했다. 나를 궁금해하고 나에 대해 사소한 부분까지 알아가는 것도 흥미로웠다. 마치 40년 넘게 나로 살았지만 이제야 나를 사귀고 있는 것 같은 마음. 그렇게 조금씩 나를 만나는 시간은 혼자여도 괜찮았다.

≺≺≺≺

혼자의 시간을 즐기느라 관계들이 느슨해지자 처음에는 일상처럼 연락하던 친구들, 지인들에게서 자주 연락이 왔고 갑자기 뜸해진 이유를 물어왔다. 관계 다이어트라는 말에 딱히 동의하지는 않지만, 이렇게 내 쪽에서 상대만큼의 시간을 쏟지 않으면 자연스럽게 관계 다이어트가 될 것 같기도 했다.

그러고 보니 존재 그대로의 나를 가치 있게 여기는 일에는 관계 문제도 포함돼 있었다. 그동안 상대가 서운해할까 봐 내 상황은 덮어놓고 약속에 즉시 응했던 것. 나를 찾는 것이 고마웠고 그 소속감이 좋아 만남들에 무작정 내 시간을 할애했던 것. 그 모든 것 역시 나보다는 남의 마음을 더 먼저 생각했기 때문이라는 사실을 알게 됐다. 그렇다면 잠시 한발 물러나 보는 것도 나쁘지 않겠다 싶었다.

내게 집중하는 시간은 그만큼 새로운 즐거움이었다. 의식적으로 홀로 있기를 선택하는 것, 관계에 끌려다니기를 그만두는 것, 오로지 내 목소리에만 집중해보는 것. 이런 시간을 소유하는 것은 더 이상 사소하지 않았다.

그리고 존재 그대로의 가치를 위해 마지막으로 시도해볼 일이 있었다. 진짜 단단히 결심을 해야 하는 일이었다. 바로 '심리적 장애'라는 내 상태에 정식으로 맞서보는 것. 있는 그대로의 나를 말하는 것이 뭐 그리 어렵냐고 누군가는 반문할 수도 있겠지만 그 별것 아닌 일을 하기 위해 내게는 몇 배의 용기와 시간이 필요했다.

사람들은 겉보기에 확연히 몸이 불편한 사람에게 "왜 아파요?"라고 함부로 묻지 못한다. 실례라는 것을 알기 때문이다. 하지만 내 경우는 달랐다. 내내 모르다가 어쩌다 내가 아프다는 사실을 알게 된 사람들은 너무나 놀란 표정으로, 너무나 큰 소리로 물어 왔다. "어머, 다리가 아파요?"

그럴 때면 순간 마음은 쿵 내려앉고 당황스러움에 얼굴이 달아오른다. 그 몇 초 사이 내가 입는 타격은 상당하다. 물론 묻는 사람을 탓할 수가 없다. 그만큼 내가 아프다는 사실을 쉽게 눈치 챌 수 없었다는 뜻이기도 하니까.

그러니 내가 받는 타격을 어디다 토로할 수도 없다. 그냥 홀로 쓸쓸할 뿐. 그런 채로 수십 년을 살아온 나는 언제나 얼마간 신경이 곤두서 있을 수밖에 없었다. 과연 사람들이 많은 곳에서 내게 큰 소리로 질문하며 나를 당황하게 할지 아니면 혼자 속으로 생각하고 말지 몰라 긴장하느라.

그 짧은 곤두섬이 내게는 곧 깊은 고독의 순간이다. 이제 그러지 않아도 될 만큼 나아졌지만 마음은 완전해지지 않은 상태니까.

"아, 다리를 삐었어요."

"새 신발이라 뒤꿈치가 까져서요."

"제가 허리가 좀 아파서요."

애먼 허리와 뒤꿈치, 삐지도 않은 다리가 고관절과 도대체 무슨 차이가 있는 것인지. 그 사이로 내 마음이 어떻게 숨는지 나도 모르지만, 그만큼 나를 솔직히 말한다는 것은 굳건한 장벽 하나를 부수는 것만큼 어려웠다.

하지만 존재 그대로의 나를 가치 있게 여기는 것, 그것이 나를 온전히 인정하는 데서 시작된다면 이제는 까짓, 못 할 이유가 없었다.

"예전부터 다리가 아파서 수술을 많이 했어요."

"너무 크게 묻지는 마세요. 그러면 제가 당황스럽거든요."

아직은 조금 어렵게, 조금은 용기 내서 내뱉어보는 말이다. 이제 이 말이 점점 대수롭지 않아지기를, 용기 따위는 하등 필요 없어지기를 바라는 마음으로.

4장
내가 내 편이 된다는 것

1
인생에서 좋은 때란 언제일까

 고등학생 첫째, 중학생 둘째, 갱년기 문턱에 선 부부. 넷이서 명절 아침 시댁에 가기 위해 엘리베이터 앞에 선 날이었다. 옆집 어르신이 그런 우리를 보며 반색했다. "아이고, 이렇게 가족이 다 같이 외출도 하고 너무 보기 좋네요. 아들들도 이렇게 훤칠하게 다 크고 든든하겠어요. 이럴 때가 제일 좋은 때야! 지금이 좋은 때지!"

 밤늦게까지 게임을 해대더니 결국 왜 이렇게 아침부터 가야 하냐며 눈뜨자마자 짜증으로 하루를 시작하는 아이. 하필 세탁기에 있는 옷을 오늘 반드시 입겠다는 아이. 그 '진상'들을 잠시 참아 넘기지 못하고 터져버린 남편. 우리는 약속이나 한 듯 서로의 눈을 바라보지 않았고 폭풍 전야의 무거운 공기 속에서 겨우 각자의 숨을 쉬고 있었다.

귀를 의심했다. '좋은 때라고? 지금 우리 넷의 표정을 보기나 하고 하시는 말씀인가?' 연세가 지긋한 어르신은 연신 부럽다는 표정을 지으며 우리 옆으로 섰다.

불현듯 이분은 몇 년 전에도 내게 그랬다는 것이 떠올랐다. 두 아들의 넘치는 장난기를 감당하기 힘들어 날로 살이 빠져가던 내가, 귀담아듣지도 않는 녀석들을 양손에 한 놈씩 잡고 "학교 마치면 꼭 학원 버스를 잘 보고 타야 한다"는 말을 몇 번이고 반복하던 순간, 그때도 "너무 좋은 때네요! 이때가 제일 좋은 때야!"라고 했었다.

그때는 참아 넘겼다. 그래, 그럴 수도 있겠지. 아이들이 한창 귀여울 나이였으니 육아의 고충을 당장 겪지 않는 이가 보기에는 그럴 수 있겠다 싶어 '속 모르는 소리 하시네'라는 마음은 감춘 채 억지 웃음을 지었다. 그러나 도대체 지금은 왜? 극강의 사춘기를 지나는 지금이 어떻게 좋은 때일 수 있지? 나는 이유나 들어보자는 심정을 담아 다소 도전적으로 되물었다. "왜요? 지금이 왜 좋은 때예요?"

예기치 못한 질문에 당황한 어르신은 한 걸음 물러서며 "애들이 아직 내 집에서, 내가 해주는 밥 먹을 때가 좋은 때죠. 곧 떠날 테니까"라 했다. 의외의 대답이긴 했지만, 나는 동의하는 말이 새어 나오지 않도록 입을 꾹 다물었다. 무자식이 상팔자라는 깊은 절망의 말을 서슴지 않을 만큼 나는 엄마 역할이 버겁기도 했고, 또 그 무렵 코로나19로 아이들이 2년간 화상 수업을 하면서 밥을 해대느라 손목 관절염까지 온 상태였기에.

―‹‹‹‹

나는 지금껏 살면서, 내가 좋은 때를 살고 있다는 생각을 해본 적이 거의 없었다. 학창 시절에는 공부로, 청년 때는 취업으로, 결혼 후에는 육아로, 중년에는 자식 문제로 모든 시절마다 눈앞에 닥친 숙제들이 산더미 같았다. 기질적으로 걱정이 많아서 힘겹게 느꼈을 수도 있고, 혹은 실제로 내 삶에 더 버거울 만한 일들이 많았을 수도 있다. 그 때문에 남들이 좋은 때라고 말하는 그 순간들을 지나면서도 나는 그렇게 느끼지 못했다. 그런 내가 지나치게 염세적으로 보일까 봐 애써 드러내지는 않았지만, 속마음은 그랬다.

그런데 모순이 하나 있었다. 후배 작가들이 워킹 맘으로서 육아의 고충을 털어놓을 때마다 "지나고 보니 그때가 진짜 좋은 때였어. 단언컨대 그때가 행복한 때야"라는 말을 계속해서 하고 있다는 것이었다. 20대 막내 작가들에게도, 30대 중반을 훌쩍 넘기고 결혼을 고민하는 후배들에게도 늘 같은 말을 해오고 있었다. 그리고 그때 내가 하는 모든 말은 조금도 거짓이 없는 진심이었다.

그러고 보면 결국 나는 내게서 지나간 모든 때를 좋은 때라고 명명하고 있는 셈이었다. 생각해보니 나는 학창 시절 푸시킨의 시 〈삶이 그대를 속일지라도〉를 읽으며 그가 천재라고 생각했다. "지나간 것은 아름답고 현재는 언제나 슬프고 마음은 미래에 사는 것." 어떻게 이런 엄청난 인생의 비밀을 통찰해낼 수가 있었을까 감탄했다. 그러면서 현재는 괴로울 수밖에 없고, 과거는 언제나 그리운 것이라고 위안을 삼았다.

문득 '좋은 때'라는 말을 이리저리 살피는 시점에서 의구심이 생겼다. 만약 이런 논리대로라면, 내가 치를 떠는 지금 이 시기도 결국 통과하고 난 다음에 좋은 때가 될 것이 아닌가. 더 나아가, 그렇다면 나는 평생 단 한 번도 좋은 때를 자각하지 못하고 죽게 된다는 것 아닌가.

언젠가 나와 사이가 각별했던 구순의 시할머니께 질문을 한 적이 있었다. 생을 뒤돌아볼 때 가장 행복했던 한 장면을 꼽으라면 언제냐고. 한참을 생각에 잠겼던 할머니는 하루 먹고 살기도 힘든 시절이던 어느 추석 날 어린 7남매를 목욕시키고 장에서 사 온 옷을 입혀서 방에 나란히 앉혀놓았던 그 순간이 너무나 행복하고 좋았노라고, 사진기가 없어 사진 한 장 남기지 못한 것이 두고두고 한이 된다고 했다.

나의 의구심과 할머니의 대답이 꼬리를 물자 갑자기 마음이 조급해졌다. 아마 그 무렵이었던 듯하다. 나는 특별할 것 없는 하루의 중간중간, 매일 사진 몇 장을 숙제처럼 찍기 시작했다. 감탄이 나오거나 뭉클하거나 소중하거나 때때로 아름답거나 빛난다고 생각되는 순간을. 아무리 염세적인 나일지라도 단 한 번도 인생의 행복한 때를 누리지 못하고 삶을 마감하고 싶지는 않아서였다. 이제라도 모든 시절에 숨어 있을, 그래서 놓쳤을지도 모르는 행복의 순간들을 잘 감각해보자 싶었다. 할머니처럼 애통해하고 싶지 않은 마음이었다.

답사를 실패하고 나오던 순간 마치 준비라도 한 듯 짠 하고 나타나던 햇무리를, 저녁을 먹고 휘핑크림 듬뿍 올라간 프라페를 사 들고 "이걸 먹으면 살찌겠지?"라는 소소한 수다를 떨며 남편과 걷던 산책길을, 몇 달째 감감무소식이다가 볼록 새 층을 낸 만세 선인장을, 아들 녀석이 난데없이 내가 좋아하는 과자 하나를 사 와서 식탁에 툭 던져두고 가던 순간을, 두 아이가 몇 달 만에 의좋게 대화란 것을 하고 있는 모습을 몰래 찍었다.

어떤 날은 한 컷도 없기도 했고 어떤 날은 겨우 두어 컷 건지기도 했다. 그런 귀한 찰나들을 촘촘히 모았고, '찰나의 기록'이라 이름 붙여 SNS 비공개 계정에 모은 지 1년쯤 지났다.

물론 예민하게 촉수를 세우고 순간을 감각하는 이 일들이 '좋은 때'에 대한 내 생각을 완전히 바꿔놓지는 않았다. 내가 갑자기 삶을 아름답고 충만하게 바라보는 사람으로 변하지도 않았다. 여전히 나는 "현재는 언제나 슬프고"라고 말한 푸시킨이 훌륭한 철학가였다고 생각한다.

하지만 약간의 변화를 찾자면 '나는 살면서 좋은 때를 살고 있다는 생각을 해본 적이 없다'라는 문장을 '좋은 때를 살기도 했으나, 그 가운데를 지나는 순간에는 느끼지 못했다' 정도로 수정하게 됐다는 것이다.

―‹‹‹‹

요즘은 매일 일상에 존재하는 작은 즐거움을 더 놓치지 않으려 한다. 그래서 내가 지나고 있는 이 시절 곳곳에 놓인 작은 행복의 조각을 충실히 찾는 중이다. 이런 나의 착실한 노력 덕에 어쩌면 어떤 어려운 시절을 지나고 있더라도, 기어코 빛나는 순간을 찾아낼 수 있겠다는 약간의 희망 같은 것이 생겼다. 그렇게 마음을 먹고 나니 특별할 것 없는 보통의 하루들도 예전보다 조금은 더 감사로 채워지는 듯하다.

앞으로도 나는 이 찰나의 기록을 계속해볼 참이다. "현재는 언제나 슬프고"라는 푸시킨의 싯구에 조금은 덜 공감하는 날이 오기를 바라며. 오늘도 그 순간을 잘 감각하기 위해 촉수를 세워보려 한다.

2
어쩌면 따듯한 포옹이 필요했을 그 순간

"국민학교 2학년 땐가, 학교에 있는데 선생님이 집에 가보라 하데예. 공부 안 해도 되니까 좋다고 갔지예. 가는 길에 무밭에서 무도 캐서 씻어 먹고, 꽃에 있는 꿀도 빨아 먹고, 해질 때가 다 돼서 동네에 들어서는데 멀리서 보니까 우리 집에 사람들이 막 모여 있더라고예. 무슨 일인가 싶어서 가봤더만 우리 엄마가, 죽었다 카더라고예…."

마지막 말을 뱉을 땐 100킬로도 넘는 거구의 어깨가 떨렸다. 거친 세월을 짐작케 하는 거뭇거뭇한 피부, 굵은 주름 때문에 자신의 나이보다 더 들어 보이는 남자는 북받치는 울음을 꾹꾹 삼켰다.

"작가님요. 나는요. 아직도 해만 지면 밭에 간 엄마가 꼭 올 것만 같아예…. 머리에 소쿠리 이고…."

 더 이상은 주체할 수 없다는 듯 벌개진 눈에서 왈칵 눈물이 흘렀다. 답사 온 우리를 의식해 애를 쓰긴 했지만 눈물은 좀처럼 멈추지를 않았다. 이야기를 하는 동안 그는 마치 그날 그 집 앞에 여전히 서 있는 아홉 살 아이 같아 보였다. 손바닥만 한 작은 가슴이 얼마나 놀라고 무서웠을까. 아직 자라지 못한 아홉 살 아이를 품고 살아왔을 환갑의 남자를 생각하니 내 가슴도 저렸다.

 언젠가 중국집을 오래 운영했다는 개성 넘치는 자연인을 만나러 갔을 때의 일이다. 처음 우릴 볼 때부터 자신의 산골 집 구석구석을 쩌렁쩌렁한 목소리로 소개하면서 신이 났던 그였다. 중국집을 운영하기까지 어린 나이에 말로 다 못 할 고생 이야기를 할 때도 넘치게 씩씩했던 그였다. 그랬기에 긴 이야기 끝에 그가 쏟을 눈물을 우리 중 누구도 짐작하지 못했다. 아마 자연인 역시 그랬을지 모른다. 그 시간 속으로 고스란히 돌아가본 것은 처음이었다고 했으니까.

―≪≪≪―

 그럴 때가 있다. 누군가에게 내 이야기를 하는 도중에 느닷없이 눈시울이 붉어지고 목소리가 떨려오는 때. 혹은 내 앞의 상대가 그런 순간을 맞닥뜨리는 것을 볼 때. 대체로 그럴 때면 짐짓 모른 체하거나 민망함에 다급히 다음 이야기를 이어가곤 한다. 특히 그 이야기가 오랫동안 마음에 체해 있던 것이라는 사실을 서로 알았다면 몰라도, 전혀 뜻밖의 이야기에서 감정이 북받칠 때면 당황스러움은 더 커지게 된다.

30대 후반쯤, 지인의 부탁으로 상담 실습 대상자가 돼준 적이 있었다. 장소 대여료 1만 원만 주면 상담을 해준다고 하니, 하고 싶었다. 아마 그 무렵이 육아와 일에 치이던 때라 누군가에게 내 속내를 풀어놓고 싶었던 것 같다. 평소의 나라면 둘째의 유치원 학부모 참관 수업까지 빼가며 내 볼일을 보자는 마음은 절대 먹지 못했을 텐데 불편한 마음을 억지로 누르고라도 그날 상담사를 만나러 간 것을 보면 말이다.

어차피 상담사와 계속 볼 사이는 아닐 테니 가감 없이 속마음을 말해보자 마음먹고 이야기를 시작했다. 지금 내가 하고 있는 방송작가 일, 아이를 키우는 일 등을 담담하게 이야기하던 도중, 무슨 대화에서 꼬리를 물었는지 기억은 나지 않지만 학창 시절 체육 시간 이야기가 나왔다.

"저는 학창 시절 내내 체육은 거의 하지 않았어요. 그래서 늘 운동장 한편 나무 아래 앉아서 애들 옷이나 안경을 맡아주면서, 애들이 체육하는 걸 봤어요. 한 시간 동안 그냥 나무 아래 앉아 있는 거죠."

그런데 그 말을 하는 나 스스로가 당황스럽게도 눈물이 나기 시작했다. 뭐 그리 슬픈 내용의 이야기도 아니었고 예전에도 누군가에게는 했던 이야기였기에 느닷없는 눈물에 내가 더 놀랐다. "어머." 외마디 말을 뱉은 뒤 얼른 눈물을 멈추고 싶었지만 마음대로 되지 않았고, 결국은 눈물이 그칠 때까지 그냥 울어버릴 수밖에 없었다.

그런 나를 보고 초보 상담사가 속으로 어떤 생각을 하고 있었을진 모르겠으나 그는 말없이 기다려줬다. 그리고 긴 기다림 끝에 내가 뱉은 말은 나도 의외였다. "한 번도 생각 안 해봤는데, 그때 그 자리에 혼자 앉아 있었던 게 저한테는 많이 슬펐나 봐요."

그동안 체육 시간의 나에 대해 이야기하면서도 정작 거기에 앉아 있던 내 마음을 생각해본 적은 없었던 듯하다. 운동장에 있는 친구들을 바라보며 나는 어떤 생각을 하고 있었을까?

처음으로 열다섯 살 여중생이 돼서 그 나무 아래 앉아봤다. 가만히 그때의 내 생각에, 내 마음에 마음을 포개봤다. 그러자 덤덤한 표정 뒤로 감추고 있었을 마음에 대해 아주 조금은 알 것 같았다. 아마도 나는 그때의 마음은 깊이 생각하지 않은 채

덤덤하게 서른이 되고 마흔이 됐을 것이다. 그렇게 의연한 줄 알았으나 그날 터져버린 눈물 덕에 나는 오랜 내 쓸쓸함을 알아차리게 됐다. 그리고 그 후, 나무 아래 앉은 나를 자주 그려보게 됐다. 다행히 그 한 번의 연결은 마음에 길을 내줬고 나는 그 길을 자주 드나들며 아주 충분히 안부를 물을 수 있게 됐다. 이제 그 나무 아래 앉은 나는 한결 투명하고 솔직해졌다.

⊸⫷⫷⫷⫷

  언젠가 '내면 글쓰기'에 관한 책을 읽은 적이 있다. 책에 따르면 내가 마음에서 해결하지 못한 뭔가, 내 마음이 원하는 뭔가는 가장 먼저 북받치는 감정의 모양으로 내게 말을 걸어온다고 했다. 그러니 그런 순간이 불시에 오더라도 당황하지 말고 천천히 내 속으로 걸어 들어가볼 것을 권했다. 그동안은 보지 못했던 마음 구석구석을 살피며 어떤 마음인지, 뭘 바라고 있을지 떠오르는 것들을 기다리며 들어보라는 것이다. 그러고 나면 처음엔 다듬어지지 않았던 그 북받치는 감정이 발산되고 진실한 뭔가를 찾게 될 것이라고.

  어쩌면 재미있는 보물찾기가 될지도 모르겠다는 생각을 해본다. 언제 어떤 감정이 내게 말을 걸어올지, 그래서 내가 몰랐던 어떤 진실을 발견하게 될지 모르니까. 그렇게 찾은 진실은 상처든 결핍이든 결국은 나를 더 단단하게 만드는 자양분이 돼줄 테니, 기다리고 발견하는 재미는 오히려 즐거움이 되지 않을까.

3
내 모든 시절 속 너에게 보내는 연서

 동네 어른들은 진해 군항제를 '벚꽃장'이라 불렀다. 40여 년 전만 해도 지역 축제가 많지 않았던 탓인지 군항제는 꽤 큰 축제였다. 군항제가 시작되면 먼저 해군사관학교가 외부인 개방을 허락하고, 벚꽃으로 뒤덮인 도시에 군악대의 행진이 이어졌다. 그리고 때를 맞춰 군항제 특수를 노린 장사진까지 충무공 이순신 동상 거리를 가득 채우고 나면 본격적으로, 어른들의 우스갯소리처럼 전국의 소매치기는 다 모인다는 '난리 벚꽃장'이 됐다.

 벚꽃장은 낮에도 장관이었지만 온 거리에 조명이 켜지는 밤이면 더 볼만했다. 줄지은 벚나무들 사이로 조명 빛이 통과하면 벚꽃은 낮의 연한 핑크빛과는 또 다른 화려함을 한껏 품었다. 봄밤에 흩날리는 꽃잎은 '환상'이라는 단어의 뜻을 몰랐을 여덟 살의 내게도 뭔가 꽤 환상적으로 느껴졌다.

그럼에도 어린 내게 군항제의 백미를 꼽으라면 누가 뭐라 해도 언니, 오빠와 함께했던 물방개 뽑기였다. 밤 조명이 환한 벚나무 아래, 목이 좋은 자리에는 꼭 물방개 뽑기 장수가 있었다. 100원을 내면 아저씨는 물방개를 숟가락에 얹어줬고 우리가 물방개를 조심스레 둥그런 대야 중심에 놓으면 물방개는 촘촘히 나눠진 여러 칸막이 중 한 칸을 골라 기어갔다. 물방개가 가는 칸에 있는 선물을 타게 되는 뽑기다.

지금 생각해보면 비싼 선물들은 호객용이었고 싸구려 학용품에 물방개가 좋아하는 작은 먹이를 놓지 않았을까 싶기도 하다. 그런 줄도 모르고 나는 어떻게든 연필, 지우개, 열쇠고리가 아니라 마론 인형을 타고 싶어 아빠에게 "한 번만 더, 한 번만 더요"라며 떼를 썼지만 매번 손에 쥐는 것은 싸구려 지우개뿐이었다. 어느 해인가 오빠의 물방개가 꽤 큰 자동차가 있는 칸으로 들어가던 순간, 우리 셋은 무슨 엄청난 일이라도 벌어진 양 꺅 소리를 내지르며 어깨동무를 했다 풀었다 서로의 얼굴을 보며 함박 웃었다.

그렇게 벚나무보다 벚꽃장이 좋았던 나는 초등학교 때 일본 애니메이션 〈빨강머리 앤〉에 빠진 뒤 완전히 마음을 바꿨다.

앤이 2층 창가에서 턱을 괴고 바라보던 초록 지붕 집 앞 나무가 벚나무라는 사실을 알면서부터였다. 캐나다 프린스 에드워드 섬에 가본 적은 당연히 없었고, 앤은 실존 인물도 아니었건만 애니메이션에 푹 빠진 나로서는 우리 사이가 마치 벚나무 하나로 깊이 연결이라도 된 듯 벚나무에 마음을 뺏겼다.

그 후로도 벚나무는 내 시절 속에 한결같이 있었다. 내가 다니던 중학교 앞에는 도로 한가운데를 지나는 하천 가장자리로 벚나무가 긴 터널을 이루는 로맨틱한 꽃길이 있었다. 이후에 드라마 촬영 장소가 되면서 '로망스 다리'라는 이름까지 붙었지만 그 옛날에도 그곳은 숨은 명소였다. 친구들은 군항제 기간만 되면 길이 막혀 버스로 등하교가 어렵다고 투덜댔지만 프린스 에드워드 섬 초록 지붕 집의 벚나무를 동경했던 내게는 그깟 교통체증은 문젯거리도 아니었다.

그렇게 성장하는 내내 해마다 흐드러지는 벚꽃을 봐온 나는 여의도 벚꽃에도, 안양천 벚꽃에도 감질이 났다. 고작 몇 킬로미터 되지도 않는 거리를 총총 걸으며 사람들을 이리저리 피해 사진을 찍어야 하는 서울의 벚나무는 어딜 가나 즐비한 진해의 아름드리 벚나무에 비할 바가 아니었다. 그럼에도 군항제 기간에는 차도 많이 막히고, 또 아이들도 어렸기에 하는 수 없이 여의도 벚꽃 구경에 만족하거나 뉴스로만 진해 벚꽃을 봐야 했다. 그러다 아이들이 크고, 또 나도 향수가 깊어질 나이가 되면서 봄만 되면 일렁대던 내 마음을 더 이상 모른 척할 수가 없었다. 결국 즉흥적으로 가장 싼 비행기표를 끊어 당일치기로 진해 벚꽃 구경을 다녀오곤 했는데, 그러고 나면 더 이상 벚꽃 구경을 위해 여기저기 기웃거릴 필요가 없을 만큼 흠뻑 좋았다.

그뿐이 아니었다. 매일 새벽 바닷가 산책으로 1만 보를 걷는 친정 아버지를 따라나서면 1년에 두 번 꽃이 핀다는 춘추 벚꽃까지 눈에 담는 호사를 누릴 수도 있었다. 나이가 들수록 고향 벚꽃이 좋아지던 나는 가을 바닷가, 춘추 벚꽃의 낭만도 놓치지 않으려 애를 썼다.

인생 반려 나무라는 것이 있다면 내게는 단연코 벚나무일 것이다. 분명 같은 나무가 아닐진대 나는 어느 벚나무를 보든 마치 그 옛날부터 나를 지켜보고 있었던 그 나무들인 것만 같은 착각을 하곤 한다. 나무의 결마다 내 유년 시절 구겨진 데 하나 없던 웃음과 초록 지붕 집 앤의 로망, 풋풋했던 학창 시절의 그리움이 켜켜이 있을 것만 같다. 그러다 보니 겹겹이 팝콘처럼 터진 꽃을 보고 와 하고 감탄사를 뱉을 때보다 지그시 나무를 바라보거나 천천히 나무를 만질 때가 더 많았다. 그러고는 알 수 없는 든든함에 힘을 얻기도 했다. 아낌없이 주는 나무처럼 벚나무가 말을 할 수 있다면 어쩐지 내가 마음에 품은 것과 같은 말을 할지도 모른다는 느낌마저 들 때도 있었다.

그랬던 벚나무와 내가 참 얄궂은 운명이 되었다. 나는 인생사가 종종 얄궂다 싶다. 전심을 다해 믿었던 뭔가가 차갑게 돌아서는 일들을 경험할 때마다 더욱 그랬다. 사랑도, 일도, 사람도. 특히 빗장을 활짝 열어젖혔을 때 날아드는 배신감일수록 더 아팠다.

⋘

엄마와 마지막으로 꽃구경에 나섰던 봄은 보기 드물게 벚꽃이 만발했었다. 코로나19 끝이라 벚꽃도 인파가 반가운 것인지 구름 한 점 없는 파란 하늘을 가득 메운 핑크빛 그라데이션은 어디서 누가 사진을 찍어도 작품이었다. 포토 존마다 엄마와 손을 잡고 줄을 서서 사진을 찍고, 연인들이나 할 법한 기찻길 설정 숏을 찍어대는 언니와 내게 엄마는 "사진이랑 원수졌냐"라며 마음에도 없는 핀잔을 해댔다.

그렇게 벚꽃보다 더 환하게 웃던 엄마 몸에 이미 병이 깊어가고 있었다는 것을 우리는 모두 가을이 돼서야 알았다. 정말 새빨간 거짓말처럼, 벚꽃 아래서 활짝 웃던 엄마는 이미 그때 말기 암 환자였다.

엄마가 떠난 다음 해도, 그다음 해도 나는 어쩔 수 없이 벚꽃을 봐야 했다. 아버지가 혼자 사시는 아파트 옆으로 지천에 꽃이 피고 있었으니 도무지 안 볼 재주가 없었다. 엄마와 손잡고 줄을 서 있던 포토 존도 꽃 터널을 이룬 철길도 여전했다. 얄밉게 더 화려한 곳도 많았다.

엄마를 보내고 맞는 두 번째 봄, 아버지를 보러 간 어느 날 해질녘 마트에 장을 보러 가던 길이었다. 한창 꽃비 내리는 길을 걷고 있는데 저만치 벚나무 아래 엄마가 앉아 있는 것이 아닌가. 순간 너무 놀라 발을 헛디뎌 넘어질 뻔했다. 그러고는 이내 머리를 세차게 흔들어젖히며 서둘러 혼잣말을 뱉었다. "엄마가 어딨어, 영숙아." 엄마와 너무도 닮은 그분과 눈이 마주칠세라 급히 뒤돌아섰다.

쉴 새 없이 흐르는 눈물을 참지도 않고 닦지도 않은 채 한참을 걸었다. 그렇게 해가 지도록 꽃길을 걷다 보니 어느새 가로등에 불이 켜지고 벚나무 사이사이로 불빛이 스며들었다. 언제나처럼 벚나무는 낮의 그것과는 또 다른 화려함을 뽐내기 시작했다. 마치 물방개가 오빠의 자동차를 향해 기어가던 그 옛날의 벚나무처럼.

봄밤을 하염없이 눈물로 걸은 그날 이후, 나는 남편과 아이들에게 벚나무 수목장을 유언했다. 내 인생의 긴 시절을 함께 지나온 벚나무라면, 엄마와 손잡고 사진을 찍던 벚나무라면, 봄밤의 내 눈물까지도 다 지켜본 벚나무 아래라면 어쩐지 죽는 것이 그렇게 무섭지 않을 것 같다는 생각, 또 그 아래라면 편히 잠들 수 있을 것 같다는 다소 감상적인 생각이 들었기 때문이다.

―‹‹‹‹

나는 오랜 세월을 함께 지나온 뭔가를 볼 때마다 애잔한 마음이 올라온다. 그것이 생물이든 무생물이든 특히 나와 함께해온 것이라면 더더욱 예사롭지가 않다. '너도 나도 긴 시간 애썼다.' 서로를 다독이고 있는 듯한 착각에 빠져 아주 사소하고 보잘것없는 것조차도 애틋해진다.

어쩌면 우리는 실제로 그 사소한 뭔가들을 늘 마음에 품고 있었기에 여기까지 잘 살아왔을지도 모른다. 그것들이 오랜 시간 내 숨은 수호신이 돼서 힘든 나를 일으키며 나를 구원했을지도 모를 일이다. 벚나무가 내게 그래줬듯이.

4
진정한 나를 만나는 일은 지질하지 않았다

3,000만 원짜리 인생 최대의 사치를 하기로 결정했다.

40대 중반에? 방송작가 직업도 있는데? 굳이 상담 대학원을? 졸업하고 상담사가 된다 해도 돈을 많이 벌지는 불투명하다던데도?

↢↢↢↢

결국 몇 년간 고민해오던 상담 대학원을 가기로 했다. 사실 상담이라는 분야가 내게 아주 생뚱맞은 건 아니었다. 대학교 때 내 전공은 아동가족학이었다. 약학 대학에 떨어지고, 이공계열 학과 중 그나마 수학 젬병인 내가 다닐 수 있을 만한 학과를 고른 것이었지만 결과적으로는 상당히 흥미를 느꼈고 그만큼 학구열도 대단했었다.

그런데도 당시에 상담사라는 직업을 선택하지 않은 이유는 어쩐지 '지질해' 보였기 때문이었다. 스무 살 청춘에게는 매일 울고불고하는 사람들을 만나야 하는 직업이 몹시 매력 없어 보였던 것이다.

그러나 나에 대해 곰곰이 생각해본 결과 내가 누구보다 사람의 마음을 말하는 일에 관심이 있었다는 것을 알게 됐다. 어떤 글보다도 휴먼 다큐멘터리 원고를 쓸 때 진심이었고, 〈나는 자연인이다〉 프로그램을 8년 가까이 하면서도 여느 프로그램과 달리 싫증 내지 않는 나를 보면 더 그랬다. 마음을, 관계를, 존재를 이야기하는 것에 내가 얼마나 지치지 않는지 뒤늦게 알았고, 그동안 내가 생각했던 그 '지질함' 속에 진정한 삶의 고민이 있음을 이제는 깨달은 것이다.

사실 이전에는 뭔가를 선택할 때 '내가 정말 하고 싶은가?'보다는 늘 '적절한 선택인가?'를 먼저 따져왔다. 하지만 이번만큼은 다른 선택을 해보고 싶었다. 가성비 따위는 따지지 않고 내가 좋아하고 해보고 싶은 걸 할 수 있도록 허락해주고 싶었다. 20년 넘게 쉬지 않고 일해온 나를 위해 진짜 통 큰 사치를 한 번 하고 싶었다.

서울 종로구 산자락에 자리한 상명대학교 통합심리치료대학원.

이러다 차가 뒤로 뒤집어지지 않을까 싶은 경사 길을, 핸들을 뽑을 듯 부여잡고 조마조마하게 오른 뒤 힘겹게 언덕에 주차하고 뒤돌아 마주하는 풍경은 한마디로, 웅장했다. 분명 한참 멀리 있는 산인데도 가슴속으로 훅 들어왔다. 산의 정기를 들이마시겠다는 기세로 깊게 숨을 들이쉬면 가을을 담은 청량한 공기가 온몸으로 퍼져나가는 듯했다.

통 큰 사치를 저지르는 날, 사실 이 위엄 있는 풍경도 큰 몫을 했다. 가끔 나는 엄청 중요한 일을 선택할 때 터무니없는 이유를 결정적 계기로 삼기도 하는데, 이 한 컷이 딱 그랬다. 기나긴 세월을 품은 이 웅장한 산을 보며 공부를 하다 보면 나 자신을, 언젠가 내가 만날 누군가를 깊게 품을 수 있을 것만 같은 착각이 들었기 때문이다.

그렇게 이름만 들어도 설레는 대학교 캠퍼스에 들어섰다. 청춘들에 비하면 확연한 늙은이겠지만, 나 혼자 추억 여행을 할라치면 얼마든지 스무 살의 내가 캠퍼스를 거닐 수도 있었다. 약간의 쓸쓸함이 깔린 가을 학기 캠퍼스는 그런 낭만을 품기에는 또 제격이었다.

사실, 아주 대책 없이 말하자면 솔직히 그 낭만만으로도 3,000만 원을 쓸 마음이 있었다. 내가 지금까지 벌어온 돈이 아파트 대출금 아니면 티도 안 나는 생활비, 열심히 하지도 않는 아이들 학원비로 나간 것을 생각하면 보복 소비로라도 쓰고 싶은 심정이었으니까. 하지만 다행히도 그 돈의 가치는 낭만 이상이었다.

어떤 계기로 상담을 공부하기로 결심했을까? 대학원 입학 동기들의 다양한 삶을 들으며 나는 단숨에 묘한 연대감을 느꼈다. 전혀 다른 전문 분야 혹은 이미 상담 분야에서 일하며 자기 인생을 좀 더 진지하고 깊게 만나고 싶어서 이곳을 선택한 청춘부터 중년까지, 그들의 여정을 들어보면 상담이라는 분야는 예전에 내가 생각했던 지질함이 아니라 용기라 불러도 좋을 것 같았다.

살면서 어떤 모양으로든 만나게 되는 어려움, 결핍 혹은 상처 들을 다른 어떤 것으로 덮어버리는 것이 아니라, 조금 더 나아지는 쪽이나 훨씬 더 나다운 쪽으로 걷기 위해 또 누군가를 그렇게 돕기 위해 정면 돌파를 선택한 이들에게서는 지질함 대신 오히려 멋짐이 느껴졌다.

교수님들의 열정 또한 내가 생각한 것 이상이었다. 특수 대학원이니 좀 가볍게 공부할 수 있지 않을까 했던 것은 대단한 착각이었고, 상담에 대한 그들의 사명감이 느껴질수록 상담을 돈의 논리로 생각한 내가 부끄럽기까지 했다.

"인간을, 가족을 정상과 비정상으로 나누지 않는다. 다만 현재 어려움이 있는가 없는가를 생각할 뿐이다."

"무조건적 공감과 수용만으로도 인간은 스스로 성장할 수 있는 충분한 힘을 가지고 있다."

"자기 삶의 이야기를 다시 쓸 수 있는 주체는 자신뿐이다."

인간의 주체성을 더욱 중요하게 여기는 쪽으로 상담의 패러다임이 변화하고 있다는 사실도 너무 반가웠다.

더욱 고유한 자기 자신으로 살아갈 수 있도록 돕는 일. 나는 이 일에 처음부터 완전히 매료됐다.

매주 가슴 벅찬 절경 한 컷, 나의 스무 살이 거니는 캠퍼스의 낭만에 3,000만 원을 쓰겠다고 통 큰 사치를 선언했던 나는 생각지도 못한 진짜 선물을 받은 것 같았다. 내가 어떤 사람인지, 무엇에 가슴 벅차는지, 무엇에 마음을 쓰는지 찬찬히 물어준 시간 끝에 마침내 내가 걷고 싶은 방향을 찾아낸 기분이었다. 결국 3,000만 원은 통 큰 사치가 아니라 쓰고도 아깝지 않을 돈이 됐다.

5
그래서, 행복한가요

 살면서 가지는 수많은 감정 중 내가 가장 오랫동안 무겁게 느꼈던 것 하나를 꼽으라면 아마 나는 마지막까지 고민하다 결국 '열등감'을 고르지 않을까 싶다. 저명한 심리학자는 열등감이 성장의 동력이 된다고도 했지만 나의 경우 동력으로 쓰이기보다는 오히려 뭔가를 소진하는 데 더 많이 쓰인 듯해서, 무지하다는 소리를 들을지라도 그런 식의 성장이라면 달갑지 않다고 말하고 싶다.

 열등감. 자기를 남보다 못하거나 무가치한 인간으로 낮춰 평가하는 감정.

 단어의 뜻을 찾아 읽고 보면 도대체 이런 무익한 감정에서 왜 해방되지 못하는지 한심한 생각마저 든다. 하지만 작정하고 자신을 남보다 못하게 여기거나 무가치하게 여기려는 사람이 과연 있을까? 그렇다면 왜 열등감에 빠지는 것일까?

수많은 이유 중에서도 나는 '비교'가 원인이라는 주장에 가장 동의했다. 누가 더 열등한가? 누가 더 우등한가? 그리고 나는 어떻게 평가되고 있는가? 비교와 타인의 시선, 이 두 가지가 꼬리에 꼬리를 물며 원인이 되고 결과가 된다는 주장이다.

나 역시 이런 한심한 고리를 끊기 위해, 그래서 열등감에 걸려들지 않기 위해 부단히 노력해왔지만 결과는 대체로 실패였다. 그러던 중 언젠가 한동안은 꽤 성공한 적이 있었다.

상담을 공부하는 학생이라면 으레 '내담자 경험'이란 것을 하게 되는데, 실제로 자신의 문제를 상담받으며 내담자가 돼 보는 것이다. 당시 나는 자존감에 대한 고민을 토로하며 내담자 경험을 하는 중이었다. 현재의 어려움을 최대한 솔직하게 이야기하고 있는 내게, 화상 채팅 너머의 상담자가 아주 차분한 말투로 한마디를 건넸다. "보이지 않는 눈이, 참 많네요."

정확히 "보이지 않는 눈이 참 많네요"였는지 "보이지 않는 눈을 참 많이 데리고 사네요"였는지는 기억이 나지를 않는다. 다만 그 말을 듣는 순간 어떤 기이한 형상이 순식간에 상상됐던 기억만큼은 또렷하다.

내 머리 위로 수많은 눈들이, 눈동자만 깜빡거리면서 나를 지켜보고 있는 형상. 마치 담뱃갑에 폐암 덩어리를 그려놓으면 순간적으로 담배를 피우고 싶지 않은 듯한 기분이 드는 효과처럼 (아주 잠깐은 그렇다고 흡연자인 후배 작가가 그랬다), 그 순간 상상 속 내 기이한 모습에 오만 정나미가 다 떨어지는 것을 경험했다.

보이지 않는 눈. 그 표현을 듣고 떠오른 강렬한 한 컷의 효과는 의외로 컸다. 여느 때처럼 '이런 모습은 사람들에게 어떻게 보일까' '나의 이런 행동을 저 사람은 어떻게 받아들일까' 같은 생각이 스멀스멀 올라오기 시작할 때면, 보이지 않는 눈을 달고 있는 기이한 내 모습도 동시에 떠올랐다. 그 모습은 안쓰럽기도 하고 더없이 한심해 보이기도 했다. 그래서인지 순간적으로 정지 버튼을 누른 듯, 보이지 않는 눈을 의식하려던 내 쓸데없는 걱정은 이내 힘을 잃고 스르르 사라졌다.

한동안은 그랬다. 그리고 여전히 그 한 컷을 떠올리는 습관은 유지됐다. 다만 효력이 약해져 갔을 뿐. 그렇게 단번에 내 사고방식이 변했다면 더없이 좋았겠지만 열등감이란 꽤 끈질기고도 묵은 것들이라 그런지 쉽사리 떨어져 나가지 않았다. 아이들과의 관계 속에서는 엄마로서, 회사에 나오면 작가로서 열등감에 종종 의기소침해졌다.

 엄마로서는 그렇다 치더라도 따지고 보면 내가 작가로서 열등감을 느낄 만한 이유는 특별히 없었다. 성실함은 남부럽지 않을 만큼 가지고 있었고, 팀의 조화를 깬다거나 갈등을 일으키는 성격도 아니었다. 실력 면에서는 객관적 기준이 있는 것은 아니니 장담할 수는 없지만 20년 넘게 작가 생활을 하고 있는 것만으로 설명될 수 있겠다 싶었다. 그럼에도 내가 자주 열등감에 빠지는 이유가 있다면 역시 앞서 말한 비교의 고리 때문일 것이다.

 같은 팀은 아니었지만 같은 제작사에서 일을 하며 오래 알고 지낸 후배 작가가 있었다. 세 아이의 엄마지만 그야말로 종횡무진, 동시에 여러 프로그램을 하는 것은 기본이고 새 프로그램을 기획하기도 하며 종종 협찬 프로그램(광고 홍보를 목적으로 제작비를 지원받아 제작하는 프로그램)을 제작사에 연결해주기까지 하는 작가였다. 모르긴 해도 제작사 입장에선 '모셔 갈 만한' 작가였을지 모른다.

 해를 더할수록 프로그램 경력이 느는 후배와 달리 나는 꽤 오랫동안 기업 방송이라는 경력 한 줄에 멈춰 있었다. 물론 후배는 시부모님이 전적으로 아이를 맡아 키워주고 있어 상황이 나와 다르긴 했지만 어쨌든 후배를 볼 때마다 내심 내 일이 초라하게 느껴지는 것은 어쩔 수 없었다.

그런 후배가 언젠가 내가 무릎을 다쳐 수술한 병원에 병문안을 온 적이 있었다. 허물없이 인사하는 사이긴 했지만 바쁜 시간을 쪼개 병원까지 찾아올 만큼의 사이는 아니라고 생각해서인지 후배의 병문안은 다소 의외였다. 주로 시답지 않은 농담을 하거나 일의 고단함을 유머로 승화하는 식의 대화가 대부분이었던 우리는, 그날 장소가 병원이라 그랬는지 피차 오십을 바라보며 생각이 많아지고 있어서였는지 서로의 지난날에 대해 꽤 긴 이야기들을 나눴다.

후배는 내가 자기에게 열등감을 가진 적이 있었다는 사실에 대해 금시초문이라며 놀랐고, 나 역시 후배가 털어놓은 뜻밖의 이야기에 놀랐다.

내가 알지 못했던 어느 때, 후배는 중증의 혈액 질환을 진단받고 남몰래 투병 중이었다. 설상가상 친정 형제의 사업 부도로 정말 끼니를 걱정할 때가 있었다고 했다. 자존심 때문에 누구에게도 말하지 못한 채 아픈 몸으로 상당히 오랜 기간 친정의 빚과 형편까지 감당했었다고. 만약 그때 자기가 그렇게 일을 많이 하지 않았다면 아마 마음도 경제력도 견디지 못했을 것이라고 했다.

너무나 엄청난 이야기에 잠시 말문이 막혔다. 그 사정을 몰랐던 것이 내 잘못은 아니었지만 후배의 길고도 아픈 이야기 끝에 지난날의 내 감정이 참 사치스럽게 느껴졌다. 뿐만 아니라 내막도 모른 채 긴 시간 혼자 소모했던 내 감정 또한 너무나 허탈했다.

물론 내 열등감이라는 것이 매번 이렇게 방향이 어긋났던 것은 아닐 테지만 어쨌든 그 순간 누가 누구에게 열등감을 가진다는 행위 자체가 참으로 부질없다 싶었다. 그저 우리는 모두 각자의 전쟁을 치르고 있는 중일 뿐이니 열등과 우등 따위를 가릴 시간이 있다면 한 번이라도 서로를 토닥이는 편이 훨씬 더 낫겠다는 생각이 들었다.

결국 우위를 재고 따지는 대신 진짜 해야 할 중요한 질문은 하나라는 결론에 도달했다. "그렇게 생각해서 나는 과연 행복한가?"

행복하자고 하는 모든 일에서 왜 굳이 행복에 반하는 감정들을 끌어들여 힘듦을 자초하는지, 마치 불행하지 못해 안달인 사람처럼 구는지 의문이 생겼기 때문이다. 이제라도 나를 힘겹게 하는 감정들을 모두 이 하나의 질문에 걸러봐야겠다는 생각이 들었다. 이 질문을 통과하지 못하는 것이라면 과감히

버려보자고. 보이지 않는 눈을 떠올릴 때 그랬듯 오히려 복잡한 문제일수록 단순한 틀이 해답일지 모르니까.

사실 따지고 보면 살면서 가장 넘기 힘든 산은 언제나 나였던 것 같다. 보이지 않는 눈들을 신경 쓰고 내가 만든 수많은 편견에 싸여 '나'라는 산을 넘느라, 나는 본격적이기도 전에 이미 지쳤고 초라해졌다. 그러니 이제 마음이 힘든 일은 그만하고 그저 단순하게 딱 한 가지만 묻기로 결심한 것이다.

그래서, 행복한가?

이 질문이 무익한 감정의 쳇바퀴에서 나를 꺼내주는 특효약이 되기를, 약발이 이번엔 좀 더 오래가기를 바라본다.

6
우리가 반짝반짝 빛날 때

    대학원 마지막 학기에 간간이 상담 실습을 시작하면서 가장 걱정했던 것은 '선무당이 사람 잡을까 봐'였다. 의욕만 앞선 얕은 배움으로 괜히 누군가의 간절한 문제를 혼란스럽게 만들지는 않을까 하는 염려가 계속됐기 때문이다.

    은정이는 대학원 마지막 학기 중 상담 실습 과제를 하며 만난 중학교 1학년 여자아이였다. 밤마다 악몽을 꿨고, 가위에 눌려 수면에 어려움을 겪고 있었다. 초보 상담사인 내가 맡기에는 다소 무거운 문제라 교수님의 조언에 의지하는 동시에 마음을 열 수 있도록 신뢰를 쌓고, 또 심리 검사도 하며 매주 긴장된 마음으로 상담을 이어갔다. 하지만 몇 회를 진행해도 악몽을 꾸는 이유가 어느 방향으로도 짐작이 안 됐다.

은정이는 부모님과 대화도 많이 하는 편이고 학교에서도 학원에서도 모범생이었기에 겉으로 드러나는 문제가 거의 없었다. 그나마 내가 은정이에게서 얻을 수 있는 힌트라면 마음이 여리고 남을 많이 배려하다 보니 관계에서 피로도를 많이 느낀다는 것 정도였다. 그런 상태로 아이와 네 번 정도 상담을 했을 때, 제시된 문장을 완성하며 속마음을 알아보는 검사를 하던 중이었다.

"내가 제일 좋아하는 사람은? 답을 막내 여동생이라고 썼네." 은정이의 막냇동생은 다섯 살 늦둥이였다. "동생이 제일 좋은 이유가 있을까?"

"… 외할머니 대신이요." 몇 년 전 돌아가셨다는 외할머니는 워킹 맘인 엄마를 대신해 은정이를 전적으로 돌봐주신 분이라고 들었다.

'외할머니 대신이란 건 무슨 뜻일까….'

차분히 대답을 기다리려던 찰나 은정이가 갑자기 울기 시작했다. "죄송합니다"라는 말과 함께. 예상치 못한 반응에 놀랐지만 애써 침착했다.

"괜찮아. 울고 싶은 만큼 울어도 돼." 그러고는 탁자 아래에서 손가락으로 숫자를 세기 시작했다. 충분히 침묵을 기다릴 수 있기 위해 교수님이 일러준 방법이었다.

'생각보다 너무 오래 우는데… 울고 나면 무슨 말부터 시작해야 할까?' 갖가지 생각을 하는 사이, 10분이 넘게 흘렀고 은정이는 그제야 괜찮다며 조금은 진정된 얼굴로 울음을 멈췄다.

아이의 말은 이랬다. 외할머니가 돌아가시고 엄마가 너무 슬플까 봐 외할머니 이야기를 꺼낼 수가 없었다고. 아무리 외할머니가 보고 싶어도 엄마는 더 보고 싶을 테니 외할머니라는 단어조차 꺼낼 수가 없었던 것이다. 그리고 찬찬히 이야기를 들어보니 은정이에게 외할머니가 어떤 존재인지, 왜 그토록 서럽게 울었는지도 알 것 같았다.

은정이는 누가 시키지 않아도 바쁜 엄마를 대신해 동생들을 잘 돌보고 싶고, 학교에서 공부도 잘하고 싶고, 학원 선생님들에게도 칭찬받고 싶던 아이였다. 부모, 학교 선생님 누구도 그런 역할을 강요하지 않았지만 워낙 민감한 기질이라 어른들의 작은 기대조차 다 읽어내고 있었기에 모든 부담을 스스로 떠안고 있었던 것이다. 그런데 유일하게 외할머니에게서만큼은 그 어떤 기대도, 요구도 읽지 않았다. 외할머니에게 은정이는 그저, 먹고 자고 놀기만 해도 존재 자체로 사랑스러운 첫 손녀딸이었던 것이다.

그렇게 늘 자신을 사랑스럽게 봐주던 외할머니가 은정이 아홉 살 무렵 갑자기 병으로 떠났고, 어린 은정이는 그 상실을 충분히 애도하지도 못한 채 또 다른 어른들의 기대와 바람을 읽어내고 있었다. 그런 버거움을 제대로 알지도 표현하지도 못한 채 힘겨운 은정이에게 유일하게 외할머니를 대신해줄 수 있는 존재가 바로 막내 여동생이었던 것이다. 그저 언니가 학교에서 오기만을 목이 빠지게 기다리다 누구보다 반기고 좋아해준 동생, 어른들과 달리 언니를 어떤 기준으로도 평가하지 않고 어떤 요구도 없이 언니의 존재만으로 사랑해준 다섯 살 여동생이었던 것이다.

그날 이후 좀 더 마음을 열게 된 은정이와 두 달 반 정도의 상담을 끝냈다. 그리고 은정이 엄마에게서 뜻밖의 이야기를 들었다. 은정이가 더 이상 악몽을 꾸지 않으며, 가위에 눌리는 횟수도 확연하게 줄었다는 것이었다.

"진짜요?" 의아해하는 내 반응이 무색하게 아이의 엄마는 진심 어린 감사를 표했고 나도 그 진한 고마움을 받았다.

아마도 은정이의 변화에 나의 공이 있다면 그것이었으리라. 우는 은정이를 급히 달래지 않고 책상 아래로 손가락을 숨기고 숫자를 세었던 것. 충분히 울고 난 뒤 은정이가 할머니 이야기를 처음 꺼낼 수 있도록 한 것.

↞↞↞↞

은정이와 상담 이후 나는 비슷한 시기에 세 명의 대학생을 더 상담하게 됐는데 놀랍게도 이들이 들고 온 여러 모양의 어려움들은 모두 같은 메시지를 담고 있었다. 부모조차도 성적으로만 자신을 평가했던 시간, 엄마의 반복된 이혼으로 얻게 된 주변의 따가운 시선, 정신과 진료에 대한 선입견으로 받은 상처. 세 학생 모두 그런 것들 안에서 견딘 시간이 너무 힘들었고, 더는 견디고 싶지 않다고 했다.

무력하게 긴 시간 움츠렸던 이 아이들이 결국 상담실을 찾아와 수치라 여겼던 이야기를 꺼내는 모습을 보면서 나는 세 학생에게서 일종의 본능 같은 것이 꿈틀거린다고 느꼈다. 이제는 어떤 편견에도 갇히지 않은 진짜 나를 만나겠다는 용기, 누가 뭐래도 자신을 지키겠다는 의지 같은 것. 비록 목소리에 힘도 없고 순간순간 주저하기도 했지만 그 내용을 말할 때만큼은 모두 망설임이 없었다.

세 학생이 마침내 꺼내놓은 그 마음을 듣고 있는 내내 나는 뭉클하기도 무거워지기도 했다.

"존재 자체로 수용받는 것." 이 당연한 말이 얼마나 지켜지기 어려운 말인지 나 역시 절절히 실감했기 때문이다. 그들의 힘든 속내를 알면 알수록 모종의 확신 같은 것이 생겼다. 우리 삶에 있어서 어떤 조건도 없이 고유한 존재로 수용받는 것이 얼마나 중요한 문제인지. 그렇게 되지 않았을 때, 한 사람의 인생이 어디까지 무너질 수 있는지.

셋은 나를 상대로 하나씩 새로운 시도를 해나갔다. 그동안 '결코' 하지 않았던 생각을 시작하고, 해보지 않은 말을 입 밖으로 내고, 해보지 않은 행동을 실행에 옮겼다. 때로는 뒷걸음치기도 하고 진땀 빼며 후회하기도 했지만 아주 작은 걸음마에 같이 설레기도 했다. 그 시간을 반드시 통과해내겠다는 그들의 모습에선 가끔 빛이 나기도 했다. 사람이 반짝반짝할 수 있다는 것이 무슨 말인지 처음으로 알 것 같았다. 그리고 그 빛이 느껴질 때마다 나는 선무당의 온 진심을 담아 응원과 지지를 보냈다. 그 진심은 이제야 나를 제대로 안아주고 내 편이 되겠다고 결심한 나에게 보내는 응원이기도 했다.

세 학생들과 상담을 마칠 즈음 떠오르는 한마디가 있었다. "나는 사람의 마음을 만지는 일은 숭고하다고 생각해요. 그 일을 오래, 함께 할 수 있기를 바랍니다." 평생을 상담에 바쳐온 70대 노교수님이 초보 상담사인 우리에게 한 말이었다.

겹겹이 세월의 나이테가 쌓인 듯한 목소리에 진심을 담아 건넨 그 말은 내게 꽤 오래 깊은 울림으로 남았다. 그리고 그제야 감히 그 말의 의미를 조금 알 것 같았다.

7
인생의 전제가 바뀌었습니다

2024년 1월, 한 카카오톡 단체방에서 나는 닉네임 '슬개골6조각' 님이 되었다. 인생의 숱한 어려움을 마주하면서도 충실하게, 묵묵히 기어코 오늘을 살아내는 삶에는 그만큼 밀도 높은 행복이 보상돼야 한다는 생각을 해왔다. 그리고 내게도 이제는 그럴 때가 됐다고 스스로 생각하던 참이었다.

지난밤 방송 원고를 끝냈고, 오후에는 오랜만에 만날 후배를 생각하며 들떠 있던 아침이었다. 싱크대에 커피 컵을 담그러 주방으로 가려던 순간 나는 악 소리를 내며 순식간에 거실 바닥에 쓰러졌다.

넘어진 순간은 기억나지 않는다. 서 있던 장면, 바닥에 누워 있던 나. 굴러가던 유리컵. 몸에 엄청난 충격이 가해지면 순간적으로 기억이 사라진다고도 하던데, 그런 것이었을까. 무릎이 뜨끈해져 왔고, 누운 채로 구급차에 실려 나갔다.

'무릎이 탈골된 건가, 보조기를 차면 되려나? 골절됐다면 한 달 정도 고생하면 되겠지.'

대리석 바닥에 그대로 내리꽂힌 무릎은 슬개골이 무려 여섯 조각 났다고 했다. 당장 수술을 하지 않으면 안 될 만큼 피가 차오르며 붓고 있었지만 의료 파업 사태로 3일이 지나서야 수술을 받을 수 있었다. 핀을 다섯 개 박았고 와이어로 슬개골 둘레를 감쌌단다. 무통 주사를 달고도 살려달라는 고함을 3일 동안 치고서야 통증은 참을 수 있을 만큼이 되었다.

슬개골은 무릎을 굽히는 곳에 있는 뼈라 일반 골절과 달리 두세 달 후에나 걸을 수 있으며, 뛰고 쪼그려 앉는 등 다시 거의 정상에 가까워지는 데는 2년까지도 본다고 했다. 그 말을 들은 나는 1주일을 뜬눈으로 밤을 새웠고, 급기야 병원에서는 수면제나 항우울제를 처방받겠냐고 물었다.

불의의 사고를 당하거나 표현할 길 없는 슬픔을 겪거나 갑작스럽게 큰 병을 얻은 사람들은 도대체 그 충격을 어떻게 받아들이고 견디는 것일까? 이제는 나도 웬만큼 맷집이 세졌다고 생각했지만 대단한 착각이었다. 불행은 매번 낯설었고 아픔도 여전히 익숙해지지 않았다. 이 시련은 또 내 인생에 있어서 무슨 의미인지 따위는 생각하고 싶지도 않았다. 남들은 일생 한 번 할까 말까 하는 다리 수술을 여러 차례 했고, 목발이라면 지긋지긋한 나 아닌가? 이제 꽃길인가 싶을 무렵 맞닥뜨린 사고 앞에 배신감이 이루 말로 다할 수 없어 나는 차라리 입을 닫아버렸다.

―≪≪≪

 그 무렵 나는 6개월 넘게 온라인으로 새벽 모임을 운영해오고 있었다. 새벽 여섯 시에 일어나, 같은 화상 미팅 주소로 접속해 각자 내면 성장을 위한 시간을 갖는 것이었다. 처음에는 타의로 시작하긴 했으나 매일 밤 한두 시에 잠들던 내가 덕분에 새벽형 인간이 됐고, 아무도 깨지 않은 시간을 온전히 내 것으로 쓰는 기쁨에 빠져 처음과 달리 열심을 내던 참이었다.
 어떤 보상을 바라고 한 일은 아니었지만 그렇게 삶의 매 순간을 충실히 살고 있는 데 대해 내심 어떤 기대 같은 것이 있었지 싶다. 하지만 그런 모든 기대를 묵살해버린 듯한 사건 앞에서 나는 어떻게 이 시간을 지나야 하는지 도무지 알 수가 없었다. 그래서 어느 날은 신에게 쌍욕이 섞인 원망을 하고, 어느 날은 내 현실의 막막함에 함구를 하고, 어느 날은 마치 아무 생각 없는 양 병실 사람들과 웃고 떠드는 날들을 뒤섞으며 살아가고 있었다.

그런데 그 무렵부터 그런 혼란의 날들 사이사이, 세심하고도 과분한 선의가 꾸준하게 끼어들기 시작했다.

병원 생활 내내 남편은 출근 전 새벽, 퇴근 후 저녁 나를 살피려 들렀고 반찬을 사다 채웠고 필요한 것들을 날랐다. 거동이 불편한 나를 위해 과일을 종류별로 깎아 통에 소분해서 가지고 온 후배, 내가 좋아하던 회사 앞 마라탕 가게에서 마라탕을 포장해 식을까 봐 택시를 타고 온 동료 작가, 내 몫을 최대한 나눠서 할 테니 회사 일은 걱정하지 말라는 팀원들, 내 마음에 위로가 되길 바란다며 직접 원단을 사고 미싱을 돌려 무릎 흉터가 보이지 않는 길이로 잠옷을 만들어 온 친구, 병원에서 방송 원고를 쓰는 나를 위해 내가 좋아하던 간식을 밤늦게 넣어주고 간 막내 작가, 얼굴 한 번 보지 못한 내게 카톡으로 선물을 보내 온 새벽 온라인 모임 멤버들.

내가 긍정을 놓아버리는 사이, 뜻밖에도 내가 놓은 것들을 다시 하나씩 손에 쥐여주는 이들이 계속 나를 두드리는 것 같았다. 기대하지 않은 선의가 밀려드니 처음에는 의아했고, 나중에는 내가 이 마음들을 받아 누려도 되는 것인지 미안했다.

사춘기 이후로 관계가 좋아질 것이란 기대를 아예 접었던 큰아이의 세심함도 뜻밖이었다. 병원에서 볼 만한 드라마를 골라주고, 대학교 캠퍼스 초록이 예쁘다며 사진을 보내고, 재활하면 얼마든지 이전처럼 될 것이라며 응원의 메시지를 보내왔다. 대학교에 간 뒤 조금씩 철이 들긴 했지만 그토록 친밀해질 것이란 기대는 하지 않았다. 마치 삶의 방향은 내가 예측한 것과는 전혀 다르게 흘러간다고 보여주는 듯했다. 내가 바라던 것들이 어긋난 그 자리는 내가 생각지 못했던 것들로 채워지고 있었다.

그러는 사이, 두 달여 만에 드디어 보조기를 떼고 목발 없이 걷기 시작했다. 처음으로 걸어서 화장실을 다녀오던 밤, 나도 모르게 진심 100퍼센트의 감탄사를 내뱉었다. "아! 너무 감사합니다."

그 후 나는 마치 이제 막 말문이 터진 아이처럼 매일 "감사하다"를 연발했다. 두 발로 걷고 움직이는 모든 순간이 진심으로 감사의 연속이었고, 내 감탄사에는 일말의 과장도 없었다.

-≪≪≪

사실 나는 누구보다 감사가 어려운 사람이었다. 버거운 일 투성이에서 억지로 감사를 찾는 행위가 무슨 소용인가 싶어 너도나도 떠들어대는 감사 습관에 괜한 반감까지 있었다. 세상에서 가장 곤란한 질문은 "잘 지냈어?"였고 내 대답은 언제나 "그럴 리가요"였을 만큼.

그런 내가 매우 낯설게도 진짜 '감사하는 인간'이 돼가고 있었다. 물론 다리가 나아지면서 일상을 회복한 것에 대한 감사가 대부분이었지만 비단 그것뿐만은 아니었다. 일이 내 계획대로 되는 것이 당연하다 생각했기에 특별히 감사하지 않았고 그저 예정에 없던 문제가 끼어드는 것에만 불행해하던 내 마음의 습관에 작은 균열이 생기기 시작한 것이다.

혼자라고 느낀 그 순간, 생각지 못한 수많은 이들의 선의가 나를 채웠고 절망이라고 생각한 자리에서 계획하지도 않았던 희망이 생겨나는 것을 보면서 나는 조금씩 변하고 있었다. 마음의 균열은 점점 커져, '그동안 내가 예측할 수도 제어할 수도 없는 숱한 일들에 전전긍긍하며 살았구나, 어리석게도 내 통제 밖의 일들을 위해 온 힘을 낭비하고 있었구나'라는 생각에까지 다다랐다.

인생의 상수는 아이러니하게도 변수로 가득하다는 것을 이제야 온몸으로 체득하며 늘 혼란스럽던 머릿속이 선명해졌다. 누구의 인생이든 삶은 불확실성의 연속이며 우리가 통제할 수 있는 것은 아무것도 없다는 사실을, 뼈아픈 일을 겪고서야 비로소 깨닫게 된 것이다.

그렇게 마음이 기울자 두 주먹을 불끈 쥐고 한없이 긴장했던 마음이 스르르 풀리기 시작했다. 언제나 플랜 A, B, C를 세워야 했던 빡빡한 삶에서 엄청난 짐을 내려놓은 듯한 해방감. 그것은 체념과는 다른 종류의 감정이었다. 인생의 파도가 거셀지, 잔잔할지, 언제 올지, 언제 그칠지 애를 태우는 대신 그저 오는 파도를 어떻게 탈지 고민하기만 하면 된다고 생각하니 한결 가볍고 여유로워졌다. 그렇게 나는 내 역할을 재규정했다.

이제 무수한 밤, 알알이 박혔던 불안과 두려움 사이에 설렘과 기대도 채울 수 있을 것 같은 용기가 생겼다. 언제나 한 발도 내딛지 못하고 동동거리는 것이 아니라 이 시간이 또 나를 어디로 데려갈지 기다리며, 회피하지 않고 성실함을 잃지 않으며 걸어가는 것, 속도와 성과에 상관없이 한 걸음 더 내디뎌 보는 것. 그럴 수 있겠다는 믿음이 생겼다. 어쩌면 가장 혹독한 겨울을 지나는 중에도 가장 안녕한 시간을 살 수 있을 것 같은 그런 마음.

8
애도가 하는 일

 입지 않는 옷들을 재활용 의류 수거함에 넣으려다 아차 싶어 검정 원피스 하나를 잽싸게 꺼냈다. 검은색 옷이 계절마다 필요하다는 사실을 깨달은 것은 불과 1, 2년 전이다.
 "결혼식보다 장례식에 가는 날이 더 많아질 거야." 언젠가 선배가 했던 말인데 정말 그랬다. 많을 때는 한 달에 대여섯 개의 부고장을 받기도 했다. 이렇게 가다가는 조의금 때문에 생활비에 타격이 오는 날도 있겠구나 싶었다. 장례식에 조의금 3만 원을 보내는 어르신들을 보며 내심 너무 적은 액수에 놀란 적이 있었는데 그 연세에는 얼마나 많은 부고장이 날아들까를 생각하면 그만큼도 마음이 있어야 할 수 있는 것임을 깨달았다.
 처음 장례식에 갔을 때는 솔직히 슬프다는 감정보다는 '내가 진짜 어른의 세계에 들어왔구나'라는 낯설고 묘한 감정이 먼저였다. 그도 그럴 것이, 아주 가까운 이들이 아니라 실제 만난 적 없는 지인들의 부모님 장례식이었으니 그저 예절을 잘 익혀서 실수하지 말자는 생각이었다. 그러나 그렇게 막연했던 죽음을 너무나 가까이에서 겪고 나자, 장례식에 가는 내 마음은 예전의 것과는 견줄 수가 없게 됐다.

2022년, 엄마를 떠나보냈다. 친정 식구들과 여름휴가를 즐기며 바다가 보이는 카페에 앉아 두 달 뒤 엄마 생일에는 어디로 여행을 갈지 의논하던 우리 4남매는 정작 엄마 생일날, 엄마가 간담도암 말기라는 거짓말 같은 이야기를 들었다. 일상을 송두리째 뒤흔들어버린 그 순간부터 불과 두 달여 만에 엄마를 홀로 어두운 땅속에 묻으며 오열했던 순간까지, 죽음이란 단어가 낱낱이 내 온몸에 박혔다.

그 후로 한동안 유족만큼이나 애통한 마음으로 장례식장을 찾았다. 갈 수 있는 한 시간을 내서 갔고, 갈 수 없다면 조의금을 더 넉넉히 보냈다. 그들의 애통함에 내 애통함까지 보태서 위로하고 싶은 마음이었다. 이 얼마나 황망한 일인지 같이 이야기하고 손잡고 위로하고 싶어서였다.

그런데 얄궂게도 그런 일은 자꾸 생겼다. 대학교 입학 기념으로 제주도에 놀러 갔다가 주검이 됐다는 큰아들의 친구, 갑작스레 심장마비로 떠난 내 대학교 동창, 암 투병 중이던 내 또래 지인의 죽음, 1년 뒤 그 지인의 어머니와의 연이은 이별.

  마치 삶과 죽음이 이렇게까지 맞닿아 있다고 경고라도 하듯, 줄줄이 전해져 오는 소식에 정신을 차릴 수가 없었다. 누군가는 세상과 작별하는 순간에도 아무렇지도 않게 돌아가는 세상에서 나는 마치 서로 다른 세계를 오가며 살고 있는 듯한 혼란에 빠졌다. 그렇게 죽음은 이제 내게 막연하지 않은 것이 됐다.

  청정 산골, 전기도 수도도 들어오지 않는 오지 중의 오지에 산다는 70대 자연인을 답사 간 날이었다. 불과 얼마 전 아내를 떠나보냈다는 이야기가 걸려 좀 시간을 두고 다음에 만날까 망설였지만 자연인 여동생의 적극적인 제보에 용기를 내, 단풍으로 물든 가을 산에 들어섰다. 사륜구동차도 올라갈 수가 없어 이끼 가득한 미끄러운 돌길, 작은 계곡, 흙길을 지나 한참을 걸어서 도착한 집은 근래에 찾아보기 힘들 만큼 그야말로 원시 자연의 모습을 그대로 간직한 곳이었다. 수원지에서 물조차 끌어오지 않고 개울물을 먹으며, 해가 지면 얼른 요강을 씻어 눕기부터 한다는 자연인은 이곳이 어릴 적 고향인 데다 아내와 긴 세월을 함께 해온 곳이라 전혀 불편함을 못 느낀다고 했다. 이곳에서 무려 20년간 아내 병시중을 했다는 말을 들은 나는, '말이 20년이지, 그 정도 세월이면 아내를 보내고 어느 정도 홀가분함도 있지 않을까' 얼핏 짐작했다.

"마음은 힘드시겠지만 이제는 몸이 편해졌으니… 조금은 자유롭지 않으세요?"

검버섯 가득하고 마른 가죽 같은 얼굴이 금세 어두워지더니 자연인은 잠시 말이 없었다. 무례했나 싶어 아차 하는 동안 자연인이 어렵사리 말을 꺼냈다. "아내가 너무 보고 싶어서 내가 나쁜 마음을 먹고 약까지 모았었어." 순간 너무 놀란 나도 PD도 뭐라 대꾸할 말을 찾지 못해 고개를 떨궜다.

"나는 오히려 떠난 사람이 편한 거 같아. 남은 사람처럼 이렇게 힘들지는 않을 거잖아."

매일 밤, 자신도 모르게 잠결에 아내가 있는지 손으로 더듬어 확인해본다는 자연인. 여기저기 아내의 흔적을 보기가 힘들어 한동안 식음까지 전폐하다 결국 그런 생각까지 했을 때 심정은 과연 어땠을까. 그나마 얼른 일상으로 돌아오기를 바라는 가족들 덕분에 이제는 식사도 하고 아내 이야기도 서서히 꺼낼 수 있게 됐다고 했다. 여동생이 우리 프로그램 출연을 적극 권유한 것도 알고 보니 조금이나마 생각을 다른 데로 돌려주려는 마음에서였다.

자연인의 이야기를 들으며 그래도 다행이다 싶은 한편, 문득 우리는 모두 '상실에 대한 애도가 너무 본격적이지 않다'는 생각이 들었다. 너무 슬픔에 젖어 있지 말라는 서운한 위로, 추스를 시간도 내주지 않은 채 빨리 일상으로 복귀하라는 보챔.

어쩌면 누군가는 예전과 같은 일상으로 결코 복귀할 수 없을지도 모른다. 그럴 만큼의 일이기에 애도는 아주 오래, 아주 충분히 해야만 하는 것 아닐까? 더 헤매야 하고, 더 주저앉아 있어야 하고 더 그리워해도 되는 것 아닐까?

처음에는 나 역시 엄마를 보내고도 악착같이 그달의 방송 원고를 써내며 그것이 슬픔에서 빨리 회복되는 길이라 여겼다. 그런데 지금 와 생각해보면 그 생각은 틀렸다. 빨리 벗어날 필요도, 그럴 수도 없는 일이라는 것을 시간이 지날수록 아프게 깨닫는다.

―≪≪≪―

그래서 나는 이제부터라도 아주 충분히, 오래오래 내 나름대로 애도의 시간을 가지려 한다. 아무리 그리워도 찾아갈 곳 없는 뻥 뚫린 마음을, 조금도 덜해지지 않은 채 매일 아침 덤벼드는 이별의 아픔을 온 맘 다해 다독일 것이다. 그리고 장례식에서 만날 누군가에게도 할 수만 있다면 그런 마음을 전해볼 생각이다. 놀라고 애통하고 그리운 만큼 천천히, 충분히 애도해보자고.

  나는 이런 식의 충분한 애도가 나를 슬픔에만 젖어 있게 하지는 않을 것이라 믿는다. '엄마'라는 단어를 더 이상 쓸 곳이 없어 혼자 나지막이 '엄마, 엄마, 엄마…' 소리 낼 때마다 깨닫게 되는 것이 있다. 40년 넘게 부르던 말이 품고 있던 온기, 엄마가 남긴 시절마다의 기억 속에서 내 엄마가 어떤 사람이었고, 어떻게 삶을 진실하게 살아냈으며 우리를 얼마나 사랑했는지를 다시금 차곡차곡 느끼게 된다.

  그러고 나면 내가 살아가는 이 하루를, 나와 나를 사랑하는 이들에게 어떻게 남겨야 할지 새삼 진지해진다. 몰아치는 일들 사이에서 그럼에도 내게 주어진 감사를 잊지 않기 위해, 내가 사랑을 말해야 할 사람을 지나쳐 보내지 않기 위해, 중요한 것을 놓치고 엉뚱한 방향을 향해 바쁘지 않기 위해 마음을 다잡게 되는 것이다. 당연한 줄 알았지만 당연한 것은 하나도 없었으므로 매일 생기 가득하게 살아가야 한다고, 나의 애도가 말을 건네고 있기에.

에필로그
삶의 조각을 맞추다 보면

기억은 냄새에도 있다.

여행 삼아 오래된 책방 거리에 간 적이 있었다. 잔뜩 세월이 묻은 빳빳하고 누런 책장을 넘기다 콧속으로 훅 밀고 들어오는 종이 냄새 끝에서, 마루에 누워 소년소녀 세계문학전집을 보던 국민학생 나를 만났다.

엎드려서 턱을 괴고 종아리를 달랑 들어 흔들며 《작은 아씨들》, 《톰 소여의 모험》, 《소공녀》 같은 비현실적인 공간에서 펼쳐지는 이야기들을 읽고 있던 나. 사는 것이 뭐고 누군가를 건사해야 한다는 무게가 뭔지 알 리 만무했던 그저 해맑고 가볍던 시절 속 어렴풋한 나를.

때로는 한 컷의 풍경에서, 귓가에 스치는 음악에서, 누군가의 얼굴에서, 일상의 어떤 순간에서, 지난날 내 삶의 조각들을 우연히 발견할 때가 있다. 만약 이렇게 어딘가에 말없이 묻혀 있던 조각들을 좀 더 열심히 찾아서 모아본다면 어떨까?

❮❮❮❮

 '나를 안아주는 글쓰기'라는 주제로 글쓰기 온라인 모임을 운영한 적이 있었다. 일단 모임의 방향을 그렇게 정하긴 했지만 과연 낯선 모임에서 글쓰기를 통해 나를 안아주는 것이 어디까지 가능할지 정작 모임을 연 나조차도 확신이 없었다. 게다가 참여자들은 글쓰기 자체에 막연한 두려움까지 가지고 있던 터라 솔직히 부담감은 참여자보다 내가 더 컸고 모임의 결과에 대해서도 반신반의하고 있었다.

 그럼에도 처음의 기획대로 '나를 안아주는'이라는 부분에 더 집중을 해보자 마음먹고 첫 시간을 열었다. 모임에 참여하게 된 동기와 기대를 짧게 나눈 뒤 '시 패러디'를 통해 간단한 글쓰기부터 시작했다. 제시한 시는 자신이 살아온 길에 대한 회고의 내용으로, 자기 자신에게 보내는 편지 형태였다. 우리는 그 시를 자신의 삶에 빗대어 몇 구절을 써본 뒤 직접 낭독까지 해보기로 했다. 나는 자신의 목소리로 자신이 쓴 글을 읽는 것에는 글쓰기 실력 향상뿐 아니라 심리 치유 효과가 있다는 데 동의하는 편이었다.

 하지만 반응이 그렇게까지 즉각적일 수 있다는 것은 나도 전혀 예상하지 못했다. 다소 긴장된 목소리로 자신이 패러디한 시를 낭독한 참여자들 대부분이 뜻밖에도 자기 글을 읽으며 울먹거리는 것이 아닌가. 누군가는 목소리가 떨리는 정도로, 누군가는 눈시울이 붉어지는 정도로, 또 누군가는 낭독을 이어나갈 수 없을 만큼 북받치는 울음까지 내뱉었다.

그 잠깐의 시간 동안 참여자들은 목소리를 통해 자기에게 말을 걸기도 하고 같이 슬퍼하기도 하고 위로하기도 했다. 그 모임 안에는 각자 한때의 삶이 흐르고 있는 듯했다. 그것들을 우리 모두가 생생하게 감각할 수 있다는 사실이 무척이나 진귀하게 느껴졌다.

그날 밤 두 시간 넘는 첫 모임을 마치고, 나는 달뜬 마음이 쉬이 가라앉지 않아 밤 산책을 꽤 길게 했다. 열 줄도 채 되지 않는 시의 구절을 쓰고 낭독하며 그들은 얼마나 깊이, 얼마나 많은 삶의 조각들을 만났을까?

그 이후 우리는 더 본격적으로 글을 썼고 서로가 서로에게 가장 진실한 독자가 돼줬다. 자신의 연약함을 드러냈고, 지난날의 아픔과 서툶의 순간들을 용기 있게 꺼냈다. 그 공간이 안전하다고 느낄수록 우리는 더 과감해졌고, 더 정직하게 절망할 수 있었다. 그렇게 꺼내놓은 결핍의 이야기들은 전혀 수치스럽게 느껴지지 않았다. 오히려 연약함의 순간에 어떤 선택을 했는지, 그 선택에 어떤 의지가 있었는지, 그래서 내가 누구인지 더 깊이 알아가는 계기가 됐다. 나를 알아간다는 것,

그것이 얼마나 자신을 단단하게 만들 수 있는지 글을 쓸수록 감탄했다.

물론 자신의 내면과 만나는 시간, 이 여정이 오직 글쓰기를 통해서만 이뤄지는 것은 당연히 아니다. 어떤 도구든, 어떤 방식으로든 원하기만 한다면 가능할 것이며 어쩌면 더 빨리, 더 쉽게 도달할 수 있는 방법들도 많을 것이다.

다만 내가 말하고 싶은 것은, 어떤 식으로든 자기 속으로 걸어 들어가 자신의 내면과 깊이 연결된 사람은 그 전과는 확연히 달라져 있으리라는 사실이다. 그렇다고 다른 사람이 됐다는 뜻은 아니다. 오히려 더욱더 선명하게 자기 자신이 됐다는 의미이며 이전보다 더 주체적인 나로 살아갈 수 있다는 뜻이기도 하다.

그런 시간을 통과해본 사람이라면 알게 되는 것이 있다. 지금까지 어떤 삶의 사건들도 결국 자신의 가치를 손상시키지는 못했다는 것, 비록 수없이 흔들렸겠지만 넘어지지는 않았다는 것. 그리고 그 모든 시간들이 응축돼 지금에 도착했기에 우리가 지나온 시간은 모두 의미 있었다는 것까지도.

'내가 뭐라고?'라는 생각은 툭하면 튀어나오는 내 마음의 소리였다. 아마 나만 아는 수치, 실패, 결핍의 단면들이 오래 묵어 스스로를 평가하는 목소리였을 것이다. 그런데 내 삶의 조각들 속으로 들어가 가만히 나를 마주하면 보이는 것이 있다. 그때의 내가 얼마나 최선의 선택을 했으며, 모든 것에 진심이었는지, 홀로 애쓰며 감당해냈는지다. 그것을 알고 난 뒤의 나는 더 이상 초라해지고 싶지 않아진다. 늦었지만 이제라도 가장 든든한 내 편이 돼 어떻게든 나를 빛나게 만들어주고 싶어질 뿐이다.

내 글을 쓰고, 글쓰기 모임을 운영하며 이 시간을 깊이 경험한 나는 이제 그전만큼은 살아갈 날들이 두렵거나 버겁지는 않다. 물론 여전히 감당하기 어려운 파고들이 시시때때로 몰려오고 있으며 앞으로의 삶도 별반 다르지 않을 것임을 너무나 잘 알지만, 그것들과 마주하는 내가 예전과 달라지고 있다는 것 또한 알게 됐으니 말이다.

- 이 책은 저작권법에 따라 보호받는 저작물이므로 무단전재와 복제를 금합니다.
- 도서 내용의 전부 또는 일부를 재사용하려면 반드시 저작권자와 출판사의 서면 동의를 받아야 합니다.
- 책값은 뒤표지에 표시되어 있으며, 잘못된 책은 구입하신 곳에서 바꿔드립니다.

에필로그는 다정하게 씁니다

초판 1쇄 발행	2025년 5월 30일
지은이	김영숙
펴낸이	길은영
책임편집	최안나
디자인	노드디자인
펴낸곳	브로북스
등록	2023년 8월 22일(제2023-000099호)
전화	070-8065-7409
팩스	0504-139-7409
전자우편	brobooks.kr@gmail.com
인스타그램	@brobooks.official

ⓒ 김영숙 2025
ISBN 979-11-992548-0-0(03810)

브로북스는 누구보다 책을 책답게 만들고 있습니다.

Boundless Books 읽음에 경계가 없는 책
Reliable Books 서로가 믿을 수 있는 책
Open Books 언제나 펼칠 수 있는 책